# Nele und Tessa,
# die musikalischen Pferdeflüsterinnen

**Rita Weyers**

# Nele und Tessa,
## die musikalischen Pferdeflüsterinnen

### Neue Freunde für Mozart

Rita Weyers

WAGNER VERLAG
www.wagner-verlag.de

Ein Buch aus dem WAGNER VERLAG

Korrektorat: Sabine Kopp
Umschlaggestaltung: Wagner Verlag GmbH
Titelfoto © NP-Fotografie - Fotolia.com

1. Auflage

ISBN: 978-3-86279-793-6

**Bibliografische Information der Deutschen Nationalbibliothek:**
Die Deutsche Nationalbibliothek verzeichnet diese Publikation in der Deutschen Nationalbibliografie; detaillierte bibliografische Daten sind im Internet über http://dnb.d-nb.de abrufbar.

Die Rechte für die deutsche Ausgabe liegen beim
Wagner Verlag GmbH,
Langgasse 2, D-63571 Gelnhausen.


Druck: dbusiness.de gmbh · 10409 Berlin

**Inhalt**

## Endlich Ferien

„Juchhuuuu, hurraaaa“, jauchzte es aus vielen, hellen Kehlen durch den Klassenraum der 4a, wo gerade in diesem Augenblick das schrille Klingelzeichen ertönte.

Das Klingelzeichen, das einerseits das Unterrichtsende dieses Schuljahres signalisierte, und das andererseits das Ende einer lehrreichen, vierjährigen Grundschulzeit besiegelte.

26 Jungen und Mädchen schlossen freudestrahlend ihre bunten Schulranzen, nachdem sie Bücher, Hefte, Stifte und natürlich das mit großer Spannung erwartete letzte Zeugnis ihrer Grundschulzeit darin verstaut hatten.

Für die Kinder stand nun ein Wechsel zu einer weiterführenden Schule an, so auch für die Zwillinge Nele und Tessa Berger, die in sechs Wochen auf das städtische, humanistische Gymnasium ihrer anschaulichen Heimatstadt Bad Rankershausen, einem beliebten Kurort in Niedersachsen, wechseln würden. Doch jetzt freuten sich die Zwillinge erst einmal auf ihre Sommerferien und auf den heutigen Nachmittag, denn Julia, eine eng befreundete Klassenkameradin, hatte sie und noch vier weitere Mitschüler zu ihrer Geburtstagsfeier eingeladen. Die Party sollte auf einem kleinen, idyllischen Ponyhof am Rande des Kurortes stattfinden.

Julia brannte darauf, allen ihr Pony „Dexter“ vorzuführen, mit dem sie in dieser Saison sehr erfolgreich auf ländlichen Turnieren geritten war.

„Julia, wann sollen wir kommen?“, rief Tessa aufgeregt zu ihr herüber.

„Um 15.00 Uhr“, antwortete Julia, „ich freue mich schon riesig.“

„Oh, wir uns auch“, tönte Nele laut. „Wir sind so gespannt, das wird bestimmt mega-cool.“

Die Schüler schwangen ihre Tornister über die Schulter und stürmten froh gelaunt aus dem modernen Schulgebäude, vor dem bereits viele Eltern in kleinen Grüppchen plaudernd zusammenstanden, um ihre Kinder abzuholen.

Nele und Tessa rannten quer über den Schulhof zum Parkplatz, wo Celine, die Mutter der Zwillinge, schon auf sie wartete.

„Hi, Mutti“, klang es parallel aus zwei Kehlen, während sie ins Auto einstiegen. „Endlich Ferien, endlich, juchhuuuu!“

„Hallo, meine Großen“, begrüßte Celine voller Stolz ihre Kinder.

„Na, wie sind eure Zeugnisse ausgefallen?“

„In Musik und Sport habe ich eine Eins“, sprudelte es aus Tessa heraus. „Und in den anderen Fächern?“, hakte Celine nach.

„Ach, bis auf Kunst habe ich in allen Fächern ‚gut‘. In Kunst, igitt“, Tessa zog eine Schnute, „leider nur ein Befriedigend.“

„Ätsch, *ich* habe in Kunst, Musik und Deutsch ‚sehr gut‘“, prahlte Nele.

„Na und? Dafür hast *du* in Heimat- und Sachkunde nur eine Drei geschafft, bäh“, giftete Tessa und warf ihrer Schwester eine höhnische Grimasse zu.

„Mann, bist du blöde“, konterte Nele. Dabei zeigte sie Tessa den Vogel, indem sie sich mit dem Zeigefinger an die Stirn tippte.

„Selber blöde!“

„Nun streitet doch nicht“, versuchte Celine zu schlichten. „Jetzt könnt ihr erst einmal die Seele baumeln lassen und eure Ferien genießen ...“

Zu Hause angekommen, spurteten die Zwillinge eiligst die Treppe hinauf, jede in ihr eigenes Zimmer, um die Kleidung für den Ponyhof auszusuchen.

„Was ziehen wir denn an?“, rief Tessa laut, während sie ihren Kleiderschrank durchwühlte.

„Jeans natürlich, und eine flotte Bluse“, antwortete Nele.

Die eineiigen Zwillinge zogen meistens die gleichen Klamotten an. Das hatte in der Schule oft zu verrückten Verwechslungen geführt. Frau Timmermann, die Klassenlehrerin, war auch nach vier Schuljahren nicht in der Lage, die beiden auseinanderzuhalten. Zudem waren die Mädchen gleich groß, gertenschlank und hatten beide ein hübsches Gesicht mit vielen lustigen Sommersprossen. Auch die Farbe ihrer Augen, grün, war identisch und bildete einen schönen Kontrast zu den leicht rötlichen Haaren, die die Zwillinge entweder offen oder zu einem Pferdeschwanz gebunden trugen. Wenn sie die Haare in der Karnevalszeit zu dicken, abstehenden Zöpfen flochten, war eine große Ähnlichkeit mit „Pippi Langstrumpf“ unverkennbar.

„Oh, cool“, schrie Tessa hysterisch, als sie das Zimmer ihrer Schwester betrat. Nele hatte sich in eine superenge Jeans gezwängt, eine sommerliche, karierte Bluse angezogen und Celines Cowboyhut aufgesetzt. Gerade war sie dabei, in Mutters Stiefel zu schlüpfen, als sie enttäuscht feststellte, dass diese mindestens drei Nummern zu groß waren.

„Scheibenkleister“, maulte Nele enttäuscht, „jetzt muss ich doch die neuen Turnschuhe anziehen.“

Tessa flitzte zurück in ihr Zimmer, entschied sich ebenfalls für die Jeans, dazu die gleiche karierte Bluse und ebenso die neuen Turnschuhe. Aber sie hatte keinen Cowboyhut. Das ging ja nun gar nicht!

„Mama“, schrie Tessa von oben herab, „haben wir nur einen Cowboyhut? Nele trägt ihn und ich habe keinen!“

„Warum ziehst du nicht Papas Baseballkappe an, die sieht doch auch recht pfiffig aus?“, riet ihr Celine.

„Nee, auf gar keinen Fall, das passt doch total nicht, das wäre ja megapeinlich. Nele soll auch keinen Hut aufsetzen. Entweder beide oder keiner“, forderte Tessa beleidigt.

„Also, nun seid mal nicht kindisch“, fuhr Celine dazwischen. „Warum trägt Nele ihn nicht zuerst und später ziehst du ihn auf? Wo ist denn das Problem?“

Grimmig willigte Tessa in den Vorschlag der Mutter ein, doch sie würden zum ersten Mal nicht in jeder Hinsicht gleich aussehen, und das gefiel Tessa gar nicht.

„Kommt ihr bitte essen?“, rief Celine, „Es gibt Spaghetti Bolognese und gemischten Salat, euer Lieblingsgericht.“

Schon war Tessas schlechte Laune vergessen, und die Mädels eilten runter in die gemütliche Küche, wo das Essen bereits angerichtet auf dem Tisch stand.

„Kommt Papa nicht zum Essen?", fragte Nele erwartungsvoll.

„Nein, er hat mir eben eine SMS geschrieben, dass er noch im Büro zu tun hat und dass er es nicht schafft. Doch er holt euch auf jeden Fall gegen Abend vom Ponyhof ab, das hat er mir versprochen."

## Der Ponyhof

Kurz vor 15.00 Uhr verließen Celine und die Zwillinge das erst vor wenigen Monaten fertig gewordene Haus, das Sebastian, der Vater von Nele und Tessa, selbst entworfen hatte. Es war sein ganzer Stolz. Das Haus bestand ausschließlich aus Naturmaterialien. Viel Glas und massive Holzbalken prägten den äußeren Eindruck. Im Innern sorgte ein modernes Energiesparsystem für angenehme Raumtemperaturen. Mit diesem schmucken Eigenheim hatte sich Sebastian einen guten Ruf als Architekt geschaffen und die Auftragsbücher für das nächste Halbjahr waren proppenvoll. Da er sein Büro aber in der Stadt hatte, schaffte er es in letzter Zeit kaum noch, pünktlich zum Mittagessen nach Hause zu kommen.

Die Zwillinge saßen nervös auf dem Rücksitz des bulligen, schwarzen Geländewagens, als dieser in einen schmalen Wirtschaftsweg einbog. Julias Eltern hatten Celine zwar sehr genau den Weg zum Ponyhof beschrieben, trotzdem hatte sie jetzt Mühe, sich in dieser fremden, einsamen Gegend zurechtzufinden.

„Mama, warum hast du die Adresse nicht ins Navi eingegeben?", fragte Nele ungeduldig.

„Na, weil ich dachte, dass ich den Weg auch ohne die Navi-Tante finden würde“, antwortete Celine. Für Tessa und Nele war die Spannung kaum noch zu ertragen. Sie freuten sich wahnsinnig auf den Ponyhof. Julia hatte ihnen schon von vielen aufregenden Abenteuern berichtet, und oft waren sie ein wenig neidisch auf Julias spannende Erlebnisse.

Endlich erblickten sie in der Ferne ein altes, von mächtigen Bäumen umgebenes Hofgebäude, über das sich grüne Baumwipfel im warmen Sommerwind leicht bogen.

„Da ist es, daaaa!“, rief Nele.

„Wo denn?“, fragte Celine.

„Mama, dort drüben, sag bloß, du siehst es immer noch nicht?“, meinte Tessa fassungslos.

„Ich sehe Ponys, ich sehe Ponys“, schrie Nele. „Oh, toll, super, echt geil.“

Den Mädels entfuhren Laute der Begeisterung. Ihr Weg führte sie an umzäunten Pferdekoppeln vorbei, auf denen zottelige Ponys und sogar Ponys mit ihren kleinen Fohlen friedlich grasten.

„Sind die süüüüüß“, riefen die Zwillinge, „so süße Ponys haben wir echt noch nie gesehen. Mutti, guck doch bitte mal!“

Tessa zeigte auf ein braunes Fohlen, das ausgelassen auf einer Wiese tobte. Die Mutter des kleinen Vierbeiners schien es nicht im Geringsten zu interessieren. Übermütig galoppierte das quirlige Fohlen zu ihr zurück. Es hatte wohl Durst bekommen, denn nun nuckelte es genüsslich am Euter der Ponystute.

Geschafft, der Ponyhof war erreicht und Celine parkte das Auto auf einem schmalen Grünstreifen in unmittelbarer Nähe des Hofes. Beinahe hätten die Kinder beim Aussteigen Julias Geburtstagsgeschenk vergessen, so aufgeregt waren sie. Im letzten Moment schnappten sie das hübsch verpackte Geschenk, ein Buch, und einen Beutel Möhren für Dexter, Julias Pony.

„Da seid ihr ja endlich, ich dachte schon, ihr kommt nicht mehr“, kam Julia ihnen lachend entgegen. Die Zwillinge sahen sich erstaunt an.

„Wow, Julia, du siehst aber megascharf aus“, entfuhr es Nele. Auch Tessa war baff.

„Krass, echt krass, dein Outfit“, stimmte sie kopfnickend zu.

„Das sind doch nur meine Reitklamotten“, meinte Julia wie selbstverständlich und umarmte freundlich ihre Klassenkameradinnen. Julia sah wirklich fantastisch aus. Sie trug eine dunkelblaue Reithose mit einem Vollledebesatz, dazu schwarze, hochglänzende Lederreitstiefel, ein hellblaues Polo-T-Shirt und eine kurze, blaue Reitweste. Ihre hellblonden Haare hatte sie zu einem Pferdeschwanz zusammengebunden. Um ihren Kopf beim Reiten zu schützen, trug sie eine schwarze Reitkappe mit einem Sicherheitsriemen, der unter ihrem Kinn befestigt war.

„Kommt mit, die anderen sind schon da. Ich möchte euch Dexter zeigen“, sagte Julia.

Für einen kurzen Augenblick hielt Celine die Mädchen zurück und gab Nele und Tessa letzte Anweisungen, dass sie sich gut benehmen sollten. Dann zwinkerte sie ihnen zu, wünschte ihren Töchtern viel Spaß und machte sich unverzüglich auf den Weg in ihre Praxis.

Celine war in Frankreich geboren, hatte in Deutschland Medizin studiert und war nun als Hautärztin tätig. An drei Tagen in der Woche arbeitete sie mit ihrer

Freundin Jenny, die ebenfalls Hautärztin war, sozusagen in Teilzeit.

So konnten beide Frauen ihren Beruf weiter ausüben und hatten dennoch genügend Zeit für ihre Familien.

Julia, Nele und Tessa betraten die Stallgasse. Rechts und links der Gasse befanden sich Boxen, in denen Ponys verschiedenster Rassen untergebracht waren.

„Es riecht seltsam“, stellte Tessa ernüchtert fest und rümpfte dabei ihre hübsche Stupsnase.

„Es riecht nach Pferden“, erklärte ihnen Julia, „und natürlich nach Heu und Stroh. Wonach soll es denn sonst riechen?“

Vor einer Box in der Mitte der Stallgasse standen die anderen Klassenkameraden, Lisa, Maria, Anne und als einziger Junge Lukas. Die drei näherten sich der kleinen Gruppe, als Julia plötzlich ruckartig die Türe von Dexters Box aufschob.

„Das ist er, mein Dexter“, sagte sie stolz. Sie ging hinein und umarmte den Hals des Ponys.

„Booooh, ist der schön“, meinte Nele, „so ein schönes Pony hätte ich auch gerne.“

Tatsächlich schauten alle entzückt auf das wunderschöne Rapp-Pony, dessen hübsches Köpfchen eine weiße, durchgehende Blässe zierte. Julia legte Dexter ein Halfter an, führte ihn aus dem Stall und band ihn schließlich mit einem Strick an der äußeren Boxenwand an. Erst jetzt trauten sich die anderen Mädchen an Dexter heran. Etwas ängstlich streichelten sie das pechschwarze, hochglänzende Fell des Ponys. Nur Lukas schien sich nicht zu fürchten. Er klopfte mit seiner Hand auf Dexters Hals und meinte etwas großspurig:

„Der tut nix, ich weiß das, schließlich bin ich jeden Samstag zum Ausmisten hier und verdiene mir etwas Taschengeld.“

Ach so war das, Lukas kannte Dexter und den Ponyhof bereits. Die Zwillinge hatten sich schon gewundert, dass Julia auch Lukas zu ihrer Geburtstagsparty eingeladen hatte. In der Schule waren sie nicht unbedingt die besten Freunde ...

Dexter wurde nun unruhig und spitzte seine Ohren. Mit dem vorderen rechten Huf schlug er mehrfach auf die Stallgasse und wippte mit dem Kopf hin und her.

Julia lachte und sprach: „Nele, wenn du noch länger mit der Tüte raschelst, dann wird er noch ausflippen.“

Ach ja, richtig, Nele öffnete unterdessen die Tüte mit den Möhren und zeigte sie Dexter. Dieser wurde nun noch unruhiger und Julia nahm eine Möhre, legte sie auf ihre flache Hand und schob sie unter Dexters Maul. Blitzschnell hatte er die Möhre geschnappt und kaute und schmatzte so stark, dass der flüssige Speichel nur so aus seinem Maul sabberte. Die Kinder lachten herzhaft, als sie das sahen.

„Dürfen wir ihm auch eine geben?“, fragte Tessa mutig.

„Aber na klar“, antwortete Julia. Alle nahmen eine Möhre aus der Tüte, machten es wie Julia und freuten sich, als Dexter die Möhren nacheinander verspeiste.

„Hier“, sprach Tessa, „dein Geburtstagsgeschenk, von Nele und mir.“ – „Danke.“ Julia nahm das kleine Päckchen und fügte hinzu: „Ich packe es gleich draußen auf der Bank aus, dort liegen noch andere Geschenke, einverstanden?“

„Okay“, entgegneten die Mädels und beobachteten, dass Julia das Geschenk neben eine kleine Kiste legte.

„Was ist darin?“, fragte Lisa neugierig.

„Das ist mein Putzkoffer, den braucht man unbedingt, denn Ponys und Pferde müssen täglich geputzt und gepflegt werden“, erklärte Julia.

Sie öffnete den Koffer und holte verschiedene Dinge zum Vorschein.

„Das ist eine Kardätsche, zum Bürsten des Fells, das hier ein Gummistriegel, ein Schwamm für die Augen und Nüstern, ein Mähnenkamm, ein Schweißmesser, eine Wurzelbürste, ein Hufkratzer und Huffett für die Hufe samt einem Pinsel.“ Die Kinder staunten, sie waren überrascht, dass man so viele Sachen benötigte, um ein Pony zu putzen. Nur Lukas winkte lässig ab und meinte altklug:

„Kenne ich alles, ist doch logo. Ich hole schon mal den Sattel und die Trense.“ Nele und Tessa folgten ihm und plötzlich standen sie in einem kleinen Raum ohne Fenster.

„Was passiert denn hier?“, fragten sie interessiert.

„Hier passiert gar nichts“, antwortete Lukas, der soeben das Licht angeknipst hatte. „Das ist die Sattelkammer, hier werden die Sättel der Ponys aufbewahrt und ebenso das Zaumzeug. Außerdem werden alle Putzkoffer hier abgestellt und auch die Reitkappen aufbewahrt.

„Ach so“, sagten die Zwillinge, es waren so viele neue Eindrücke, aber es war äußerst spannend und aufregend.

Tessa kreischte plötzlich los: „Ihhhhhh, Hilfe, eine Maus, eine Maus!“ Sie stürzte aus der Sattelkammer und das Herz klopfte ihr bis zum Hals.

„Au Mann, Weiber“, brummte Lukas in sich hinein, denn auch Nele suchte schleunigst das Weite, sie hatte ebenfalls Angst vor Mäusen.

Eine Viertelstunde später hatten sich die Zwillinge wieder beruhigt und alle saßen draußen auf der Bank und schauten zu, wie Julia ihren Dexter ritt. Es war schon sehr beeindruckend.

Zuerst bewegte sie ihr Pony einige Runden im Schritt, dann trabte sie an und bald darauf galoppierte sie jauchzend an ihren staunenden Klassenkameraden vorüber. Diese klatschten vor Begeisterung in die Hände und alle wünschten sich schon bald, so toll reiten zu können wie Julia.

Später roch es nach Holzkohle, denn Julias Eltern, Brigitte und Stefan Krause, hatten zwischenzeitlich den Grill angezündet. Ein älterer Mann, er war etwa 65 Jahre alt, schleppte vier Strohballen heran und ordnete sie so an, dass sie mit der Bank einen großen Kreis bildeten.

„Wer ist denn das?“, fragte Nele.

„Das ist Opa Hansen, der Besitzer des Ponyhofs“, erklärte Julia. „Ihn und seine Frau habe ich selbstverständlich auch eingeladen, sie sind echt super.“ Toni Hansen bewirtschaftete den Hof seit über dreißig Jahren mit seiner Frau. Er war für das Wohl der Ponys verantwortlich, seine Frau Anna verrichtete die Hausarbeit und pflegte den Garten. Außerdem war sie eine exzellente Köchin und die gute Seele des Hofes.

„Das muss sie sein“, flüsterten die Zwillinge, denn eine Frau Anfang Sechzig, mit einer bunten Schürze, trat aus dem Wohnhaus. In den Händen hielt sie eine riesige Schüssel Nudelsalat. Sie stellte die Schüssel auf einem kleinen Tisch neben der Bank ab, auf den Julias Mutter zuvor Pappteller, Besteck, Servietten mit Pferdemotiven, Ketchup und verschiedene Grillsaucen gestellt hatte.

„Hallo Kinder“, sagte Frau Hansen freundlich. Dabei wanderte ihr Blick zu den Zwillingen hinüber.

„Nanu, stimmt etwas nicht mit meinen Augen, oder seid ihr tatsächlich das ‚Doppelte Lottchen‘?“, fragte Frau Hansen belustigt.

„Das sind Nele und Tessa, meine Klassenkameradinnen. Sie sind eineiige Zwillinge“, entgegnete Julia, noch ehe diese antworten konnten.

„Jedenfalls schön, dass ihr da seid“, meinte Frau Hansen und fügte hinzu: „Ich hoffe, ihr habt einen Riesenhunger mitgebracht. In einer Viertelstunde können wir essen.“

Nele, Tessa und die anderen Kinder rannten zurück in den Stall. Inzwischen hatte Julia ihre Vorführung beendet, Dexter abgesattelt und den Sattel auf einen Sattelhalter gehoben.

„Dürfen wir ihn wieder in die Sattelkammer bringen?“, fragte Tessa.

„Ja, natürlich, ihr könnt mir gerne helfen.“

Eifrig nahm Nele den Sattel auf ihren Arm und Tessa schnappte sich Dexters Trense.

„Igitt!“ Das Gebiss war ganz klebrig, und als hätte Julia ihre Gedanken erraten, sagte sie: „Tessa, in der Sattelkammer ist eine Wasserleitung, da kannst du das Gebiss abwaschen.“

„Wird gemacht“, erwiderte Tessa und ging mit Nele und dem kompletten Sattelzeug in die Sattelkammer, um es zu säubern und aufzuhängen.

Plötzlich nahmen die Zwillinge an einer Wand Geräusche wahr, ein Klopfen oder so etwas Ähnliches. Sie traten aus der Sattelkammer und gingen in die entgegengesetzte Richtung. Was war denn das? Ein Schimmelpony stand ganz alleine in einer dunklen Box. Es konnte kein anderes Pony sehen und es verhielt sich sehr seltsam. Vor seiner Box lag ein beißender Mistgeruch in der Luft.

„Julia“, rief Nele laut, während sie sich mit Daumen und Zeigefinger die Nase zuhielt, „ist das Schimmelpony krank, oder warum steht es hier so mutterseelenalleine?“

Julia eilte schnellen Schrittes zu Nele und Tessa und sagte: „Das ist Mozart, der tickt nicht richtig!“

Den Zwillingen blieb fast der Mund offen stehen.

„Was bedeutet das, ‚der tickt nicht richtig‘?“, fragten sie gleichzeitig. „Na, er ist eben verrückt, verhaltensgestört! Er verträgt sich nicht mit anderen Ponys, er ist oft krank und reiten lässt er sich gar nicht. Dabei ist er erst fünf Jahre alt und wenn er sauber geputzt ist, sieht er mega-toll aus. Doch er lässt keinen an sich heran, keinen“, fügte Julia hinzu.

Die Zwillinge drückten sich an den Gitterstäben der Box ihre Nasen platt. „Mozart, hallo, Mozart, komm doch bitte mal“, flüsterte Tessa.

„Bist du bescheuert, Mozart, komm doch bitte mal“, wiederholte Nele. „Meinst du, der versteht das?“

„Wieso nicht“, antwortete Tessa und kramte aus ihrer Jeanshose eine kleine Möhre hervor.

„Zieh mal den blöden Hut ab“, drängte Tessa, „Mozart bekommt ja noch mehr Angst, wenn er dich mit dem Ding sieht.“

„Also, ich werde nicht mehr; vor ein paar Stunden wolltest du den Hut unbedingt selbst aufsetzen, und jetzt soll er blöd sein? Du spinnst wirklich“, stellte Nele beleidigt fest und nahm verärgert den Hut vom Kopf.

Die Zwillinge starrten gebannt auf Mozart, doch dieser rührte sich nicht. Er hatte ihnen sein Hinterteil zugedreht und blickte stur gegen die Wand. Tessa öffnete vorsichtig die Boxentüre und warf das Stück Möhre ins Stroh. Mozart drehte sich um, blickte eine Weile auf die Möhre, dann bewegte er sich langsam dorthin.

„Er nimmt sie, er nimmt sie“, flüsterte Nele.

Tatsächlich, Mozart ging zögernd zu der Stelle, wo die Möhre lag, beugte seinen Kopf nach unten und nahm sie mit seinem Maul. Dabei hatte er seine Ohren weit nach hinten gelegt, als witterte er eine Bedrohung.

„Das ist ja der Hammer, er hat sie genommen und gefressen“, staunte Nele. „Hast du noch eine?“

„Ja, eine kleine.“

Tessa ging zu Mozart in die Box und streckte ihre Hand aus, auf der die Möhre lag. Sie blieb ganz still stehen. Mozart schnaubte, blickte misstrauisch auf die Möhre und bewegte sich zögerlich in Tessas Richtung.

„Lass sie fallen, Tessa, los, er beißt dich vielleicht, bitte lass sie fallen“, flehte Nele. Doch Tessa blieb weiter ruhig stehen. Mozart war nur noch dreißig Zentimeter von ihr entfernt. Noch immer lag das Stück auf ihrer Hand. Mozarts Augen blickten sie prüfend an. Er schien zu überlegen: ‚Soll ich, oder soll ich nicht?‘ Er kam noch ein Stück näher an Tessa heran. Nele stockte fast der Atem. Sie konnte es nicht glauben, dass ihre Zwillingsschwester so mutig war. Da – jetzt, schnapp – Mozart hatte sich getraut. Er nahm das Stück Möhre von Tessas Hand und ging instinktiv rückwärts, als wolle er den vorherigen Sicherheitsabstand wiederherstellen.

„Super, super, ist das cool“, rief Nele begeistert, als Tessa die Box verließ. Tessa atmete erst einmal tief durch. Erst jetzt wurde ihr klar, was sie gerade gemacht hatte. Boooh …, ihre Beine zitterten und dann sagte Nele:

„Komm, lass uns zu den anderen nach draußen gehen und erzählen, was passiert ist.“

Die Würstchen brutzelten auf dem Grill. Maria, Lisa, Anne, Julia, Frau Krause und Frau Hansen hatten es sich auf der Bank und den Strohballen gemütlich gemacht. Lukas stand natürlich bei Herrn Krause und Herrn Hansen am Grill, er durfte die Würstchen wenden.

Mit den Worten: „Mozart hat ein Stück Möhre von Tessas Hand genommen", schrie Nele die Neuigkeit in die Runde.

Frau Hansen schlug mit beiden Händen auf ihre Oberschenkel und antwortete: „Kinder, das kann nicht sein, der Mozart ist menschenscheu und er lässt keinen an sich heran."

„Aber ja, Frau Hansen, es stimmt, er hat von meiner Hand eine kleine Möhre genommen", bestätigte Tessa. Herr Hansen hatte gehört, was die Zwillinge gesagt hatten und setzte sich erwartungsvoll zu den Kindern.

„Ist das wirklich wahr?", fragte er ungläubig.

„Aber ja doch, Tessa war in seiner Box, großes Indianer-Ehrenwort", prahlte Nele stolz. Herr Hansen schüttelte nachdenklich den Kopf.

„Das ist wirklich kaum zu glauben", sprach er leise und nahm dabei seinen Hut vom Kopf. Mit einem großen, quadratischen Taschentuch putzte er sich den Schweiß von der glänzenden Stirn.

„Wisst ihr, der Mozart ist unser Sorgenkind, wir haben alles versucht, damit er umgänglicher wird. Nächtelang habe ich mir den Kopf zerbrochen, woran es wohl liegen mag, dass er sich so seltsam verhält. Sogar der Tierarzt hat ihn gründlich untersucht, mit dem Erfolg, dass Mozart ausgeschlagen und den Tierarzt dabei verletzt hat. Damals, als ich ihn auf einer Ponyauktion gekauft habe, war er ganz lieb. Vielleicht hatte man ihm zuvor eine Beruhigungsspritze verpasst, denn nach zwei oder drei Tagen wurde er seltsamerweise aggressiv und nun wissen wir nicht, was wir mit ihm machen sollen ..."

„Wir können essen, die Würstchen sind fertig", rief Lukas und Herr Krause fügte hinzu: „Greift zu, auf dem Tisch stehen Salate und Brot."

Julias Mutter bediente die Kinder, während Julias Vater kühle Getränke aus dem Auto heranschleppte. Nach wenigen Minuten saßen alle in einer fröhlichen Runde beisammen. Julia packte begeistert ihre Geschenke aus und freute sich über ein Buch von Harry Potter, einen Hufkratzer, ein Springseil und verschiedene Freundschaftsbänder. Dabei erzählte sie euphorisch von ihrem ersten Turnier mit Dexter und alle hörten gespannt zu. Die Zeit verging wie im Fluge.

Gegen Abend sahen sie einen großen Mann mit blonden Haaren, der zögernd den Ponyhof betrat.

„Da ist Paps", riefen die Zwillinge. „Hallo, Papa, hier sind wir."

Herr Berger kam fröhlich auf die Gruppe zu und sagte: „Guten Tag zusammen, euch geht es ja prächtig, was? Hattet ihr einen schönen Nachmittag?"

„Oh, Papa, es ist so toll hier auf dem Ponyhof, dürfen wir öfter hierher zu Julia und Opa und Oma Hansen?", fragten die Zwillinge.

„Mal sehen", lautete die ausweichende Antwort, während Herr Berger alle per Handschlag begrüßte.

Julias Eltern kannte er von der Schule und als Architekt arbeitete er häufig mit Julias Vater, einem Bauunternehmer, zusammen.

Schwuppdiwupp hatte auch Herr Berger eine Grillwurst auf dem Teller und man reichte ihm dazu das Brot und den Nudelsalat.

Eine halbe Stunde später herrschte allgemeine Aufbruchsstimmung. Maria, Lisa, Anne und Lukas wurden ebenfalls von ihren Eltern abgeholt und alle waren sich einig, dass es eine wunderschöne Geburtstagsparty gewesen war.

Celine hatte eine große Schüssel Obstsalat vorbereitet. Auch sie war erst vor einer Viertelstunde heimgekommen. Etwas später saßen alle Familienmitglieder gemütlich auf der Couch, aßen das Obst und erzählten dabei ihre Erlebnisse. Sebastian von der Arbeit im Büro, Celine von Begegnungen in der Praxis und die Zwillinge vom Ponyhof, von Dexter und Mozart. Es sprudelte förmlich aus ihnen heraus und sie hatten nur einen Wunsch: Sie wollten am nächsten Tag abermals zu den Ponys und zu Julia. Doch alles Bitten und Betteln war vergebens. Morgen stand Geigenunterricht auf dem Programm, daran gab es nichts zu rütteln.

Nele und Tessa spielten seit einem halben Jahr Geige. Sie hatten sich beide freiwillig für dieses Musikinstrument entschieden. Ausschlaggebend waren die Fotos ihrer Mutter, auf denen Celine im zarten Alter von dreizehn Jahren Geige spielend zu sehen war. Das hatte die Mädchen so tief beeindruckt, dass sie ebenfalls das schwer zu spielende Instrument erlernen wollten. Auch ihr Opa hatte früher Violine gespielt. Die Liebe zu diesem Instrument lag also in der Familie.

„Oh Mutti, wir haben doch Ferien, müssen wir denn morgen unbedingt zum Unterricht?“, nörgelte Tessa herum.

„Ja“, kam es kurz und knapp aus Celines Mund. „Es ist die letzte Stunde vor den Ferien und dann habt ihr sechs Wochen frei, in denen ihr nicht üben müsst. Wenn ihr trotzdem übt, umso besser!“

Die Diskussion zog sich noch etwas hin und man einigte sich schließlich auf einen Kompromiss. Die Zwillinge wollten ohne zu murren die letzte Geigenunterrichtsstunde absolvieren. Als Gegenleistung wurde ihnen erlaubt, noch einmal den Ponyhof zu besuchen, bevor die ganze Familie am Wochenende nach Frankreich, an die Côte d’Azur in den Urlaub fahren würde. Dort gehörte ihnen ein kleines Mobilheim, das sich auf einem Campingplatz in der Nähe von St. Tropez befand.

Jedes Jahr verbrachten die Bergers ihren Sommerurlaub an der französischen Küste. Vor einigen Jahren hatten sie ein von Celines Tante geerbtes Haus in Frankreich verkauft und stattdessen dieses herrlich ausgestattete, moderne Mobilheim erworben, das wirklich keine Wünsche offen ließ. Besonders der grandiose Blick auf das azurblaue Wasser des Mittelmeeres verzückte sie jedes Jahr aufs Neue, außerdem war es für alle eine vortreffliche Gelegenheit, die französische Sprache zu vertiefen.

## Geigenunterricht

„Habt ihr eure Geigenkoffer?“, fragte Celine die Zwillinge.

„Jaaa, Mama“, kam es gleichzeitig aus ihren Mündern.

„Moment“, sagte Tessa, „ich muss noch meine Turnschuhe anziehen.“

In diesem Augenblick rief sie: „Oh nein, meine Schuhe sind voller Pferdemist und sie riechen schrecklich.“

Nele und Celine brachen in schallendes Gelächter aus, als sie Tessas entsetztes Gesicht sahen.

„Mama, kannst du mir bitte die Schuhe säubern?“, bat Tessa mit ihrem süßesten Lächeln.

„Nein, mein Schatz, die musst du selber säubern“, erklärte Celine, während sie ihrer Tochter ein feuchtes Schwämmchen reichte, mit dem Tessa die Spuren des Ponyhofs beseitigen konnte ...

Anschließend fuhren sie in das Stadtzentrum zu Frau Lingen, bei der die Zwillinge seit geraumer Zeit Geigenunterricht bekamen. Frau Lingen war eine attraktive, junge Frau und hatte den Kindern in den ersten Unterrichtsstunden die Geige näher beschrieben. Nun wussten sie, dass man eine Geige auch Violine nennt, und diverse Fachausdrücke wie Schnecke, Wirbel, Sattel, Griffbrett, Korpus, Steg und Kinnhalter waren ihnen schon geläufig. Auch dass zu einer Geige ein Bogen gehört und dieser mit Bogen- bzw. Rosshaaren bespannt war, hatten die Zwillinge gelernt.

Die richtige Violin - und Bogenhaltung hingegen wurde für Nele und Tessa zu einer wahren Herausforderung. Immer wieder kam von Frau Lingen die nötige Korrektur, bis sie erstmals den Bogen über die Saiten ziehen durften. Das war toll, endlich hörten sie einen Ton.

Das erste Lied, das Nele und Tessa gelernt hatten, war das Lied '**Bruder Jakob**':

**„Bruder Jakob, Bruder Jakob, schläfst du noch?**
**Schläfst du noch?**
**Hörst du nicht die Glocken?**
**Hörst du nicht die Glocken?**
**Ding, dang, dong,**
**ding, dang, dong.“**

Als die Zwillinge Frau Lingen von ihrem Besuch auf dem Ponyhof berichteten, kramte diese emsig in ihren Notenheften.

„Da hab ich ein schönes Musikstück für euch. Es ist ein leicht zu spielendes Lied und handelt von Pferden. Schaut mal her."

Frau Lingen reichte den Mädchen ein Notenblatt. Darauf standen die Noten des Liedes im Zweivierteltakt und darunter folgender Text:

**„Hopp, hopp, hopp! Pferdchen, lauf Galopp!**
**Über Stock und über Steine,**
**aber brich dir nicht die Beine!**
**Hopp, hopp, hopp, hopp, hopp!**
**Pferdchen, lauf Galopp!"**

**„Tipp, tipp, tapp! Wirf mich nur nicht ab!**
**Zähme deine wilden Triebe,**
**Pferdchen, tu es mir zuliebe!**
**Tipp, tipp, tapp,**
**wirf mich nur nicht ab."**

(Text: Karl Hahn 1807)

Es folgten zwei weitere Strophen, und die Zwillinge waren total begeistert.

„Super, das ist schön, das üben wir ganz bestimmt", riefen sie aufgeregt. Tatsächlich machte ihnen der Unterricht am heutigen Tag besonders viel Spaß. Frau Lingen erklärte ihnen haargenau, worauf sie beim Blick auf die Noten zu achten hatten. Sie korrigierte erneut die Bogenhaltung, die gleichzeitig nicht verkrampft und dennoch stabil sein sollte, um so die Streichbewegung auf die Saiten der Geige zu übertragen. Dann hatten sie es geschafft.

Sechs Wochen brauchten sie nun nicht zu üben, das hatte ihnen Celine versprochen. Doch sie wussten schon jetzt, dass sie das „Pferdelied“ auf jeden Fall üben würden. Als sie sich von Frau Lingen verabschiedeten und die Stufen des Treppenhauses hinuntergingen, blieb Tessa plötzlich stehen.

„Nele, ob wir das Lied im Stall spielen dürfen, für Mozart, was meinst du?“ – „Das ist eine mega-coole Idee“, rief Nele euphorisch.

„Super, super, super, wir spielen es für Mozart, vor seiner Box, vielleicht mag er ja Geigenmusik?“

„Genau, Frau Lingen erwähnt doch in jeder Stunde, dass Musik Menschen glücklich macht und sogar eine heilende Wirkung entfalten kann. Und wenn es bei Menschen funktioniert, warum soll es nicht auch bei Tieren gelingen?“

„Oh, toll, Nele, das machen wir. Morgen nehmen wir unsere Geigen mit zum Ponyhof und fragen Opa Hansen, ob wir Mozart etwas vorspielen dürfen.“

Die beiden alberten und kicherten herum, als sie Celine erblickten, die schon im Auto auf sie wartete.

„Na, ihr hattet wohl jede Menge Spaß, was?“, fragte Celine.

„Ja, Mama“, grinsten die Mädchen, „heute war es ganz toll, und jetzt freuen wir uns auf morgen, auf Mozart und auf Julia und Dexter.“

Am nächsten Tag waren die Zwillinge früh wach. Nele war zu Tessa ins Bett gekrochen, um zu besprechen, wie sie es wohl anstellen könnten, dass Celine es erlauben würde, die Geigen mit in den Stall zu nehmen.

„Weißt du was?“, sprach Tessa, „Wir sagen, dass wir Oma und Opa Hansen eine Freude machen wollen und ihnen das Pferdelied vorspielen möchten.“ – „Okay“, antwortete Nele, „und wenn wir Mama nicht überzeugen können, sagen wir einfach, dass wir Julia ein verspätetes Geburtstagsständchen bringen möchten.“

Die Zwillinge lächelten verschmitzt und Nele fügte hinzu:

„Du weißt doch, als wir vor einigen Wochen zu Muttis Geburtstag ‚Happy birthday to you‘ gespielt haben, war sie total gerührt.“

„Genau, so machen wir es“, sagte Tessa entschlossen.

Gegen 10.00 Uhr klingelte das Telefon. Es war Julia; sie fragte, ob die Zwillinge schon vormittags zum Ponyhof kommen könnten, so gegen 11.00 Uhr. Celine stöhnte, als die Zwillinge sie darum baten.

„Was, schon vormittags?“, seufzte sie. „Das muss aber die totale Ausnahme bleiben. Papa kommt euch so gegen 17.00 Uhr abholen. Und ich möchte keine Klagen hören, versprecht ihr mir das?“

„Ja“, antworteten Nele und Tessa, während sie sich für den Ponyhof umzogen. Doch als sie mit ihren Geigenkästen die Treppe hinunterkamen, fragte Celine erstaunt:

„Wohin wollt ihr denn mit den Geigen?“

„Mama“, sprach Tessa, „wir möchten Oma und Opa Hansen ein Lied vorspielen, bitte erlaube es uns.“

Normalerweise hätte Celine die Bitte ihrer Töchter strikt abgelehnt, doch irgendwie war sie mächtig stolz auf ihre Zwillinge, dass sie schon so toll spielen konnten. Und vielleicht würde es Nele und Tessa auch anspornen, wenn sie anderen Menschen mit ihrer Musik eine Freude bereiteten. Applaus und Lob sind ja bekanntlich der schönste Lohn für einen Musiker. Celine willigte ein, die Geigen durften mit!

## Ein Lied für Mozart

Auf dem Ponyhof herrschte reger Betrieb. Lukas mistete die Boxen aus und streute sie anschließend großzügig mit Weizenstroh ein. Im Waschplatz war ein kleines, braunes Pony angebunden und ein Mädchen von etwa zwölf Jahren spritzte seine Beine mit einem Wasserschlauch ab. Vor dem Stalltrakt war ein Schmied damit beschäftigt, die Hufe der Ponys zu beschlagen und in der Reithalle ritt ein Junge auf seinem Pony.

Als die Zwillinge mit den Geigenkoffern die Stallgasse betraten, schrie Lukas entsetzt:

„Was wird das denn jetzt, wollt ihr ein Konzert geben? Ihr spinnt ja wohl! Julia schau mal, Nele und Tessa haben ihre Geigen mitgebracht – voll bekloppt!“

Tatsächlich staunte Julia nicht schlecht, als sie ihre Klassenkameradinnen mit ihren Geigenkästen erblickte.

„Ich glaube, mich laust der Affe“, rief Julia den Zwillingen entgegen. Die Zwillinge jedoch ließen sich nicht entmutigen, sie wollten für Mozart Geige spielen – basta.

Vor Dexters Box schilderten sie Julia ihren Plan.

In diesem Augenblick kam Herr Hansen mit einem kleinen, blauen Minifahrrad durch die Stallgasse geradelt. Abrupt blieb er bei den drei Mädchen stehen und blickte neugierig auf die Geigenkästen.

„Opa Hansen, dürfen wir Mozart ein Lied auf unseren Geigen vorspielen?“, fragte Tessa. Herr Hansen kratzte sich hinter seinem rechten Ohr.

„Also“, sprach er schmunzelnd, „natürlich reiten einige Reiter manchmal zu Musik, die sie auf CDs mitbringen, aber Livemusik hatten wir noch nie im Stall. Wisst ihr was, versucht es doch einfach mal. Entweder es klappt oder es geht in die Hose, was mich bei Mozart nicht wundern würde.“

Die Zwillinge freuten sich und marschierten zu Mozarts Box. Mozart hatte sich von der Boxentüre abgewandt und döste mit halbgeschlossenen Augen vor sich hin. Er sah furchtbar aus, das weiße Fell war zottelig und total verschmutzt. Wie schön würde er wohl aussehen, wenn sein von Natur aus schneeweißes Fell sauber wäre?

In diesem Moment schoss Mozart mit gefletschten Zähnen auf die Boxentüre zu und biss mit seinen Zähnen in die Gitterstäbe. Die Zwillinge wichen entsetzt zurück:

„Mozart, bist du wahnsinnig, wir tun dir doch nichts, wir möchten dir etwas vorspielen“, rief Tessa.

„… möchten dir etwas vorspielen“, machte Lukas Tessa nach, als er und Julia ebenfalls an Mozarts Box erschienen.

„Wie bescheuert muss man eigentlich sein, wenn man einem Pony etwas auf der Geige vorspielen möchte?“, fragte Lukas.

„Vielleicht sind wir ja bescheuert, aber Musik macht glücklich und deshalb wollen wir es versuchen“, rief Nele laut.

„Wisst ihr was“, sprach Lukas verärgert, „für mich ist das zu hoch. Meiner Meinung nach gehört Mozart und auch ihr zum Psycho-Doktor. Ich bin dann mal weg – und gehe weiter ausmisten.“

Auch Julia schüttelte verständnislos den Kopf und ging in die Sattelkammer, um Dexters Zaumzeug zu holen.

Nele und Tessa schauten sich fragend an. Sollten sie es tatsächlich wagen? „Los, komm, wir spielen“, sagte Tessa und die Zwillinge öffneten ihre Geigenkästen.

„Sollen wir nicht mit einem ganz langsamen, ruhigen Lied beginnen, um zu sehen, wie er reagiert?“, fragte Nele etwas ängstlich.

„Hm – du hast recht, wie wäre es mit **'Guten Abend, gut' Nacht'**?“

„Okay, es ist zwar noch nicht Abend, doch lass es uns mit diesem Lied versuchen.“

Tessa nahm die richtige Haltung an, fing an zu spielen und Nele sang dazu folgenden Text:

**„Guten Abend, gut' Nacht,**
**mit Rosen bedacht,**
**mit Näglein besteckt,**
**schlupf unter die Deck'.**
**Morgen früh, wenn Gott will,**
**wirst du wieder geweckt,**
**morgen früh, wenn Gott will,**
**wirst du wieder geweckt.“**

Mozart stand in der Mitte seiner Box. Seine Ohren waren spitz nach vorne gerichtet. Er wieherte leise.

„Ich glaube, es gefällt ihm“, flüsterte Tessa.

„Nele, spiel du die nächste Strophe und ich singe den Text:

**Guten Abend, gut' Nacht,**
**von Englein bewacht,**
**die zeigen im Traum**
**dir Christkindleins Baum.**

**Schlaf nun selig und süß,**
**schau im Traum ’s Paradies,**
**schlaf nun selig und süß,**
**schau im Traum ’s Paradies.“**

(Text: Des Knaben Wunderhorn 1808 1. Strophe)
(Text: Georg Scherer 1824-1909 2. Strophe)

Was war das denn? Mozart kam mit kleinen Schrittchen zur Boxentüre. „Sollen wir sie öffnen?“, fragte Nele.

„Ja“, sprach Tessa leise, „spiel du das Lied noch einmal, bitte.“

Nele setzte erneut die Geige ans Kinn und begann abermals zu spielen. Tessa öffnete unterdessen die Türe. Mozart schaute zu Nele und grummelte. Ja, es schien ihm zu gefallen. In ihrer Hosentasche suchte Tessa nach einem Zuckerstück. Sie hatte heute Morgen doch mindestens fünf oder sechs Stückchen aus der Zuckerdose genommen! Ah, jetzt hatte sie die Stückchen gefunden. Sie legte ein Zuckerstück auf die flache Hand, genau wie sie es zuletzt mit der Möhre gemacht hatte.

Mozart näherte sich, schaute noch immer auf Nele und machte einen ruhigen, entspannten Eindruck. Sein Kopf kam näher an Tessas Hand, sein weiches Maul berührte ihre Hand. Schnapp – er hatte das Stück Zucker genommen. Während Mozart fraß, berührte Tessa den Schopf des Ponys. Sie streichelte seinen Hals und seine Schulter. Es war unglaublich, Mozart schien nicht nur die Geigenmusik zu mögen, sondern auch Tessa.

„Ach Mozi-Maus, was bist du süß!“, sagte Tessa. „Ich wünsche mir so sehr, dass du zutraulicher wirst und wir dich irgendwann einmal reiten können.“

Tessa verließ die Box und schaute zu Nele.

„Nele, am liebsten würde ich gar nicht in Urlaub fahren und stattdessen die Ferien auf dem Ponyhof verbringen.“

„Ich auch, Tessa, aber da haben wir schlechte Karten, schon übermorgen fahren wir nach Frankreich.“

Die Zwillinge seufzten, nein, auf Frankreich hatten sie überhaupt keinen Bock. Lieber würden sie jeden Tag zwei Stunden Geige spielen – für Mozi. Das wären für Nele und Tessa die schönsten Ferien ihres Lebens!

## Schnübi und Tutita

Frau Hansen betrat die Stallgasse und rief:

„Wer hat Lust auf Reibekuchen?“ – „I….ch“, schallte es ihr aus verschiedenen Richtungen entgegen.

„Und was ist mit dem doppelten Lottchen, mögt ihr Reibekuchen?“

Nele und Tessa nickten eifrig und Frau Hansen fuhr fort: „Dann kommt alle mit ins Haus.“

Die Zwillinge nahmen ihre Geigenkästen und folgten zögernd Lukas, Julia und dem Mädchen, das vorhin das braune Pony namens Cindy im Waschplatz abgespritzt hatte.

„Ich heiße Annabell“, sagte sie zu den Zwillingen und schaute belustigt auf die Mädchen.

„Ihr seht ja total gleich aus, worin unterscheidet ihr euch?“

„Hm, eigentlich gar nicht“, kicherte Tessa. Die Zwillinge schauten sich an, nickten, und schoben beide jeweils den rechten Ärmel ihres Sweatshirts hoch.

„Schau, Nele hat auf der Innenseite ihres Unterarmes einen winzigen Leberfleck, ich habe keinen. Das ist wirklich der einzige Unterschied“, erklärte Tessa. Annabell schaute staunend auf die Arme der Mädchen. „Krass, das ist echt krass!“, rief sie entzückt. „Danke für den Tipp.“

Jetzt betraten sie das Wohnhaus der Hansens. Hm, es roch total lecker, nach Reibekuchen.

Julia, Lukas und Annabell schienen sich gut auszukennen. Sie zogen ihre Reitstiefel aus und betraten auf Socken die große, rustikale Wohnküche.

Die Zwillinge schlüpften aus ihren Turnschuhen, legten die Geigenkoffer ab und blieben abwartend im Hausflur stehen.

„Tessa, Nele, kommt herein und nehmt Platz“, meinte Frau Hansen freundlich. In diesem Moment schoss ein kleines, quirliges Etwas auf die Zwillinge zu. Die Mädchen erschraken, denn ein schwarz-weiß-brauner Jack Russell Terrier sprang lebhaft an ihnen hoch.

„Das ist ‚Schnübi‘“, sagte Frau Hansen. „Er ist ganz lieb, leider etwas ungestüm, ihr braucht keine Angst zu haben.“

Nele und Tessa gingen in die Hocke und streichelten den kleinen Hund.

„Ist der niedlich, total süüüß“, stellte Nele begeistert fest, während Schnübi ihr Gesicht ableckte.

„Schnübi, pfui“, rief Herr Hansen und der Terrier gehorchte aufs Wort und kroch ins Hundekörbchen, das unter der Eckbank stand.

„Setzt euch“, sagte Frau Hansen, „und greift zu.“

Ein großer Teller mit mindestens dreißig gut duftenden Reibekuchen machte die Runde. Jeder pickte mit der Gabel in einen Reibekuchen und zog in auf seinen Teller.

„Hier ist Apfelmus, das schmeckt sehr gut zu Reibekuchen."

Alle Kinder langten kräftig zu und dann wurde es ganz still. Herr Hansen faltete die Hände und sprach:

„Komm, Herr Jesus, sei unser Gast, und segne, was du uns bescheret hast."

Nele und Tessa schauten sich an und waren baff, dass bei den Hansens gebetet wurde. Zu Hause beteten sie ganz selten, meistens nur, wenn Opa und Oma zu Besuch da waren.

„Guten Appetit", sagte Frau Hansen und alle ließen es sich schmecken. Lukas erzählte stolz, dass er fünf Boxen ausgemistet hatte. Herr Hansen schlug ihm anerkennend auf die schmächtigen Schultern und sprach:

„Danke, gut gemacht, Lukas." Dieser freute sich sehr über das Lob des Ponyhofbesitzers, ja, er errötete sogar vor lauter Freude.

Frau Hansen hatte kurz zuvor für die Kinder ein Dessert zubereitet. Sie stellte eine Schüssel Vanillepudding auf den Tisch, dazu eine Flasche mit Himbeersirup.

„Hm, Oma Hansen, das ist volle Kanne lecker", stellte Lukas schmatzend fest, während die Kinder den Pudding in sich hineinschaufelten. Alle nickten zustimmend.

„Das heißt aber nicht, dass ihr nichts dafür tun müsst", sagte Herr Hansen grinsend. Die Kinder stutzten und schauten sich verblüfft an. Sollten sie etwa das Essen bezahlen?

„Also, ich helfe Ihnen gleich weiter im Stall", sagte Lukas.

„Ich auch", sprachen Julia und Annabell fast gleichzeitig.

Nele und Tessa schauten sich fragend an. Zögernd sagte Nele: „Wir würden auch gerne helfen, im Stall."

Herr Hansen winkte lässig ab und erwiderte:

„Da habe ich eine bessere Idee. Könntet ihr nicht ein Lied auf euren Geigen spielen? Ihr habt sie doch mitgebracht.“

Noch ehe die Zwillinge antworten konnten, fiel Lukas die Kinnlade herunter und er brummte: „Nicht schon wieder, das ist doch Kinderkacke.“

„Na, Lukas“, mahnte Herr Hansen und gab ihm für diese unnötige Bemerkung eine leichte „Kopfnuss.“ Daraufhin zog Lukas beleidigt eine Schnute.

Die Zwillinge gingen in den Flur und holten die Geigen. Sie fragten:

„Kennt ihr das Lied **'Horch, was kommt von draußen rein'**?“

„Natürlich“, riefen alle und die Mädchen fingen an zu spielen.

In diesem Augenblick krachte es. Eine rote Katze sprang blitzschnell von der Fensterbank hinunter, sodass zwei Übertöpfe zu Bruch gingen.

„Tu-ti-ta“, rief Frau Hansen entsetzt, „ich glaube es nicht!“

Sie sammelte die Scherben auf und entsorgte diese in den Abfalleimer, der neben der Spüle stand. Opa Hansen dagegen kam aus dem Lachen nicht heraus.

„Tutita, das ist Geigenmusik“, rief er belustigt, doch Tutita war auf und davon. Die Zwillinge waren geschockt, die Katze war wohl durch das halb offenstehende Küchenfenster hereingekommen.

Plötzlich sang Herr Hansen:

**„Horch, was kommt von draußen rein?**
**Hol-la hi, hol-la ho!**
**Wird wohl unsere Katze sein, hol-la hi-a ho …!“**

Jetzt lachten alle, sogar Lukas rief: „Das war cool, voll cool."

Erneut begannen die Zwillinge zu spielen und alle sangen mit:

**„Horch, was kommt von draußen rein?**
**Hol-la hi, hol-la ho!**
**Wird wohl unsere Katze sein, hol-la hi-a ho!"**

Herr Hansen hatte sich binnen weniger Sekunden einen weiteren neuen Liedtext ausgedacht, und so sang er aus voller Brust:

**„Sie geht nicht vorbei, sondern springt herein.**
**Hol-la hi, hol-la ho!**
**Es kann nur unsere Tutita sein, hol-la hi-a ho!"**

„Bravo, bravo", rief Frau Hansen und alle klatschten begeistert in die Hände.

Während die Mädchen sorgfältig die Geigen in die Kästen zurücklegten, sagte Tessa:

„Opa Hansen, eben haben wir für Mozart ein Lied gespielt. Er war ganz lieb, ich konnte ihn sogar streicheln und er hat ein Zuckerstück von meiner Hand genommen."

„Kinder, ich kann mir das nicht vorstellen", entgegnete Herr Hansen und schüttelte ungläubig seinen Kopf.

„Wisst ihr was? Wir gehen jetzt zu seiner Box. Ihr spielt ihm etwas vor und ich bin sehr gespannt, wie Mozart reagiert."

„Au ja, das machen wir."

Hastig schlüpften alle in ihre Stiefel und Turnschuhe und machten sich auf den Weg in den Stall, zu Mozart.

## Nele und Tessa, die musikalischen Pferdeflüsterinnen

Während der Mittagszeit war es meist ruhig auf der Stallgasse. Viele Kinder nutzten die Ferien dazu, schon vormittags ihre Ponys zu reiten. Nun lagen fast alle Ponys zufrieden in ihren Boxen und dösten vor sich hin. Auch Mozart hatte sich mit angewinkelten Beinen, auf dem Bauch liegend, zur Ruhe begeben. Dabei hing seine Unterlippe etwas herunter und seine Augen waren halb geschlossen. Als er die Kinder und Herr Hansen vor seiner Box witterte, sprang er ruckartig auf, reckte sich und blickte misstrauisch auf alle anwesenden Personen. Die Sache war ihm nicht geheuer. Er legte seine Ohren nach hinten und schaute mit angsterfüllten Augen auf Lukas, Julia, Annabell, Herrn Hansen und die Zwillinge. Mit seinen Zähnen biss er in die Gitterstäbe und alle wichen einige Schritte zurück.

„Kinder, ich glaube, es ist zwecklos, außerdem möchte ich euch nicht in Gefahr bringen. Lassen wir ihn doch in Ruhe."

„Nein, bitte Opa Hansen, wir möchten es versuchen, bitte."

„Okay, ihr habt einen Versuch, und dann brechen wir das Experiment ab."

Nele und Tessa atmeten tief durch. Sie legten ihre Geigen ans Kinn und spielten erneut die Melodie des Guten Abend-Liedes:

**„Guten Abend, gut' Nacht,**
**mit Rosen bedacht,**
**mit Näglein besteckt,**
**schlupf unter die Deck'.**
**Morgen früh, wenn Gott will,**
**wirst du wieder geweckt,**
**morgen früh, wenn Gott will,**
**wirst du wieder geweckt.“**

Mozart stand sehr aufmerksam in der Mitte seiner Box. Die Ohren waren nach vorne gerichtet. Sein ängstlicher Blick hatte sich innerhalb von Sekunden zu einem freundlichen, ja fast schon heiteren Blick verwandelt. Nun konnten es alle sehen, dass die Geigenmusik der Zwillinge tatsächlich eine positive Wirkung auf das Verhalten des Schimmelponys ausübte. Während Nele weiterspielte, öffnete Tessa die Boxentüre.

Vor den staunenden Augen der Kinder und Herrn Hansens trat sie zu Mozart in die Box. Dieser schnaubte, und es ging keine Bedrohung von ihm aus.

Tessa stand jetzt vor ihm und sagte:

„Mozart, sei brav, es passiert dir nichts.“ Sie holte das letzte Zuckerstück aus der Hosentasche und legte es auf ihre flache Hand. Noch zögerte Mozart, ehe er schließlich einen Schritt auf Tessa zuging und sich mit dem Maul das Stück Zucker schnappte. Dabei hatte er alle im Auge: Tessa, Lukas, Julia, Annabell, Herrn Hansen und natürlich Nele, die noch immer auf der Geige spielte.

Es gelang Tessa, das Pony zu streicheln. Sie klopfte seinen Hals, berührte den verschmutzten Bauch, ja, sie ging sogar um Mozart herum, ehe sie dann, nachdem sie ihn ein letztes Mal gestreichelt hatte, die Box verließ und die Schiebetüre leise hinter sich schloss.

Frau Hansen stand plötzlich auf der Stallgasse und ihre Worte durchbrachen die Mauer des Schweigens:

„Kinder, ist etwas passiert?“

Alle fuhren erschrocken herum und es war Herr Hansen, der als Erster seine Sprache wiederfand.

„Ja“, stammelte er ungläubig, „es ist etwas passiert, ein Wunder! Tessa hat es geschafft, zu Mozart in die Box zu gehen, während Nele auf der Geige spielte.“

Frau Hansen schlug ungläubig die Hände vors Gesicht und rief: „Das ist wahrhaftig ein Wunder!“

Mit großer Achtung schauten alle auf Nele, Tessa und die Geigen.

„Ihr seid mir fast ein wenig unheimlich“, sprach Herr Hansen.

„Für mich seid ihr ‚musikalische Pferdeflüsterinnen‘.“

Die Zwillinge schauten sich erstaunt an, bis Tessa neugierig fragte:

„Was sind Pferdeflüsterer, Opa Hansen?“

„Nun, Pferdeflüsterer sind Menschen, die sich durch verschiedene Arten der gewaltfreien Kommunikation bemühen, das Verhalten von Problempferden oder Ponys zu ergründen. Dabei versuchen sie, sich in das jeweilige Tier hineinzuversetzen. Man sagt auch, sie dringen in die Seele eines Pferdes ein, um es besser zu verstehen und gegebenenfalls zu heilen. Und es scheint mir, dass ihr mit eurer Geigenmusik die Seele von Mozart berührt habt.“

„Oh cool“, sprach Tessa, „dann hat unsere Geigenlehrerin Frau Lingen tatsächlich recht. Sie sagt, dass Musik viel mehr ist als Unterhaltung und dass sie zur Heilung kranker Menschen beitragen kann.“

„Muss ich jetzt etwa Geigenunterricht nehmen, oder könnt ihr das übernehmen?“, fragte Herr Hansen die Zwillinge. „Einen Versuch ist es auf jeden Fall wert.“

„Oh super“, schrien die Mädchen begeistert, „wir werden Mozart jeden Tag etwas vorspielen. Vielleicht gelingt es uns sogar, ihn zu putzen oder zu reiten?“

„Na, soweit würde ich momentan nicht gehen. Als Erstes sollte eine Vertrauensbasis aufgebaut werden. Ihr müsst sehr einfühlsam sein und noch viel über den Umgang mit Ponys lernen. Gerne bin ich euch dabei behilflich, aber zunächst werde ich mit euren Eltern sprechen, ob sie damit einverstanden sind.“

Gegen 17.00 Uhr kam Herr Berger, um seine Kinder abzuholen. Er fand sie in der großen Reithalle. Dort standen Nele und Tessa neugierig vor verschiedenen Tafeln, die an der Reithallenwand angebracht waren. Kreise, Schlangenlinien, verschiedene Buchstaben und Zahlen waren akkurat darauf aufgezeichnet.

„Hallo, Papa“, rief Nele, als sie ihren Vater erblickte.

„Schau mal, das sind Hufschlagfiguren, nach denen man reiten kann.“

Herr Berger schaute interessiert auf die geraden und gebogenen Linien und meinte nachdenklich: „Das erinnert mich irgendwie an meine Entwürfe im Büro, dort habe ich jeden Tag mit Linien und Zahlen zu tun.“

„Aber Papa, das sind ‚Bahnfiguren‘, nach denen geritten wird. Hier steht zum Beispiel: ‚durch die Länge der Bahn wechseln‘ oder ‚auf dem Zirkel geritten‘ oder ‚Volte‘ oder ‚einfache Schlangenlinien‘. Julia hat uns mit Dexter jede Hufschlagfigur vorgeritten, das war toll“, berichtete Tessa vergnügt.

„Außerdem haben wir Geige gespielt, für Mozart vor seiner Box, und auch in der Küche. Plötzlich kam die Katze Tutita durchs Fenster hereingesprungen. Papa, das hättest du mal sehen sollen!“, triumphierte Nele begeistert.

„Jetzt haltet mal die Luft an“, sprach Herr Berger, „ihr seid ja total aufgedreht!“

In diesem Moment betrat Herr Hansen die Reithalle.

„Ach, Herr Berger, mit Ihnen wollte ich kurz etwas besprechen.

Heute Mittag haben wir ein außergewöhnliches Experiment gewagt. Dabei hat sich herausgestellt, dass Ihre Zwillinge ‚musikalische Pferdeflüsterinnen‘ sind.“ Herr Berger runzelte nachdenklich die Stirn und fragte:

„Musikalische was?“ – „Pferdeflüsterer“, wiederholte Herr Hansen.

Er erklärte Herrn Berger die Probleme, die er seit Monaten mit dem menschenscheuen, verhaltensgestörten Schimmelpony Mozart hatte. Er erzählte weiter, dass Nele und Tessa durch ihre Geigenmusik das Pony so positiv beeinflusst hätten, dass Tessa es sogar streicheln konnte, und dass dies einem Wunder gleich käme.

Nun wolle er fragen, ob die Mädchen öfter mit ihren Geigen kommen könnten, um Mozart etwas vorzuspielen.

„Vielleicht gelingt es uns so, dass Mozart wieder Vertrauen zu Menschen bekommt“, erklärte Herr Hansen.

„Also“, meinte Herr Berger, „wenn das so ist, sollte man es auf jeden Fall versuchen.“

„Juchhuuu, hurraaa, danke, Papa!“, riefen die Mädchen begeistert.

Doch Herr Berger fügte hinzu, dass die Familie übermorgen zu einem zweiwöchigen Urlaub nach Frankreich aufbrechen würde.

„Das ist schon okay", sprach Herr Hansen.

„Dann beginnen wir mit der Musiktherapie, wenn Nele und Tessa wieder zurück sind. Diese zwei Wochen werden wir es mit Mozart wohl noch aushalten."

Die Zwillinge und Herr Berger verabschiedeten sich von Herrn Hansen. Dieser wünschte ihnen einen schönen, erholsamen Urlaub, und nachdem die Mädchen ihre Geigenkoffer geholt und sich ebenso von Mozart und den anderen Kindern verabschiedet hatten, fuhren sie glücklich nach Hause.

Sie freuten sich schon jetzt auf die Zeit, wenn sie für Mozart wieder Geige spielen durften.

## Der Campingplatz am Meer

Die Boeing 737 befand sich im Landeanflug auf die unmittelbar am Mittelmeer gelegene Hafenstadt Nizza in Südfrankreich. Die Zwillinge zogen die Stöpsel ihrer MP3-Player aus den Ohren und schauten durch die kleinen, ovalen Bordfenster des Flugzeugs.

„Guck mal, Papa, die Côte d'Azur, das Wetter ist herrlich", sagte Nele aufgeregt und deutete auf die sonnige Küste mit dem kristallklaren, azurblauen Wasser. Die dicht besiedelte Küste einschließlich ihrer verträumten Buchten zwischen Cannes und Monaco zeigte sich heute von ihrer bezauberndsten Seite.

„Ja, traumhaft schön", schwärmte Sebastian und auch Celine murmelte etwas von einer einmaligen, malerischen

Landschaft, von klarem Licht, eben einer Küste, deren Schönheit in ihrer Vielfalt einzigartig ist.

„Ich freue mich auf unser Mobilheim", rief Tessa erregt, „und auf den Strand und ganz besonders aufs Meer. Auf jeden Fall werde ich heute noch im Meer schwimmen, ganz egal, wie kalt das Wasser ist."

„Wie viel Grad hat das Wasser denn?", fragte Nele skeptisch.

„Du Weichei", zischte Tessa ihrer Schwester entgegen, „es hat mindestens 22 Grad und ich wette, du gehst nicht rein!"

„Geh ich doch", meinte Nele umgehend, doch so recht glaubte es ihr keiner.

Nachdem die Familie das Flugzeug verlassen und das Gepäck auf Laufband 24 in Empfang genommen hatte, machten sich die Bergers auf den Weg zur Autovermietung innerhalb des Flughafengebäudes. Herr Berger hatte von zu Hause aus einen großen Kombi angemietet, der für die vielen Gepäckstücke unbedingt erforderlich war.

Als Nele und Tessa den Kombi erblickten, waren sie entsetzt.

„Was ist das denn für eine olle Familienkutsche?", fragte Tessa empört. „Und erst die Farbe. Igittigitt!" Ungläubig starrten die Zwillinge auf das türkisfarbene Auto älteren Baujahres.

„Papa, fotografiere uns bitte nicht mit diesem Monsterfahrzeug. Wenn unsere Freunde uns mit diesem Mietauto auf den Urlaubsfotos sehen, wäre das megapeinlich."

„Jetzt reicht es mir aber", reagierte Herr Berger erbost. „Was haben die Damen denn erwartet? Einen Rolls-Royce, einen Ferrari oder vielleicht eine weiße Stretchlimousine mit Chauffeur? Tut mir leid, damit kann ich nicht dienen. Entweder ihr steigt ein oder ihr müsst mit dem Bus fahren. Dann werdet ihr aber erst in drei Stunden auf dem Campingplatz sein, und das Baden im Meer könnt ihr euch für heute auch abschminken."

„Also, ich finde die Farbe romantisch", versuchte Celine die Stimmung zu entschärfen.

„Endlich mal eine Farbe, kein tristes Schwarz, Weiß oder Silbern. TÜRKIS – einfach nur süß", meinte Celine lächelnd und stieg ein. Wenige Minuten später befuhr ein türkisfarbener Kombi nebst vier Insassen die Küstenstraße entlang der Côte d'Azur in Richtung St. Tropez.

Die Zwillinge schmollten noch ein wenig und hatten aus Trotz erneut ihre MP3-Player eingeschaltet und die Stöpsel in die Ohren gesteckt. Damit wollten sie ihren Eltern signalisieren: „Wir haben keinen Bock auf ein Gespräch!"

Sebastian beobachtete im Rückspiegel die Mienen der beleidigten Mädchen. Die Köpfe der Zwillinge nickten im Takt der Musik, die für Sebastian und Celine natürlich nicht zu hören war. Damit sie ihren Vater akustisch wahrnehmen konnten, schrie Sebastian, leicht nach hinten gewandt:

„Hört ihr Musik von Bach oder von Beethoven?"

Die schlagfertige Tessa brüllte in gleicher Lautstärke zurück: „Nein, wir hören Musik von Lady Gaga!" Celine und Sebastian konnten sich ein Lachen nicht verkneifen.

„Ich dachte ja nur", scherzte Sebastian, „euer Kopfnicken erinnert mich an einen Wackeldackel."

„Einen was?", fragten beide Mädchen gleichzeitig.

„Ein Wackeldackel, das ist ein Kunststoffdackel, dessen Kopf beweglich ist. Man stellt ihn entweder auf die Ablage oder auf das Armaturenbrett im Auto, und wenn man fährt, wackelt der Dackel mit dem Kopf."

Jetzt lachten alle und als Sebastian das Auto auf den Campingplatz ‚Les Prairies de la Mer' lenkte, was übersetzt „Die Wiesen des Meeres" bedeutet, war die miese Stimmung längst vergessen.

Der Campingplatz beeindruckte durch seine wunderschöne Lage inmitten einer Bucht, direkt am Meer mit eigenem Sandstrand.

„Ein wahres Juwel", wie Celine es mit ihrem französischen Akzent sehr nett ausdrückte.

Sebastian fuhr unmittelbar zu dem unter einem Pinienbaum stehenden Mobilheim, das die Nummer 12 hatte, und stellte den Motor ab.

„Geschafft, wir sind da!" Schon waren Celine und die Mädchen aus dem Auto gesprungen.

„Papa, beeile dich, wo hast du den Schlüssel?", rief Tessa ungeduldig. Sebastian eilte schnellen Schrittes herbei, kramte den Schlüssel aus seiner Hosentasche hervor und öffnete umständlich die Türe des Mobilheims.

„Super, super, wir sind endlich da", tönten die Kinder begeistert und stürmten hinein. Auch Celine und Sebastian erkundeten voller Vorfreude das Mobilheim. Celine entfernte zwei weiße Bettlaken, mit denen sie am Abreisetag des letzten Urlaubs die schöne Sitzgarnitur abgedeckt hatte. Im Nu sah es wohlig und behaglich aus.

Das Mobilheim war der absolute Hammer. Sowohl Sebastian, Celine und die Zwillinge liebten es über alles. Es war komfortabel, ja fast schon ein wenig luxuriös ausgestattet und konnte durchaus mit einer Vier-Sterne-Ferienwohnung konkurrieren. Und das auf engstem Raum, denn die 45 m² Wohnfläche waren wie folgt aufgeteilt: ein Elternschlafzimmer, ein Kinderzimmer, ein Bad, ein Gäste-WC, Flur, Küche, Essecke und natürlich das Wohnzimmer. Zu den besonderen Annehmlichkeiten gehörten eine HiFi-Musikanlage, ein Flachbildschirm im Wohnzimmer und ein Ofen mit Ceranfeld und eine Mikrowelle in der Küche.

Die Zwillinge kreischten vor Freude, als sie das Gepäck ins relativ kleine Kinderzimmer transportierten.

„Los Nele, lass uns zum Strand gehen", forderte Tessa ihre Schwester auf. „Es ist ein herrlich warmer Sommertag, und ich möchte unbedingt im Meer baden."

„Wir müssen als Erstes unsere Badesachen aus den Sporttaschen kramen, oder hast du etwa vor, nackt ins Wasser zu gehen?", fragte Nele.

„Quark mit Soße", lachte Tessa, „hier ist doch kein FKK-Strand, ich würde nie nackt baden, nie!"

Als die Zwillinge ihre Badeutensilien beisammen hatten, fragten sie ihre Eltern, ob sie schon voraus zum Strand gehen durften.

„Nein, nein, wir kommen auf jeden Fall mit und werden darauf achten, dass ihr euch regelmäßig eincremt, um einen Sonnenbrand zu verhindern."

„Oh Mama, du nervst", bemerkte Tessa. „Jetzt sprichst du wieder als Hautärztin zu uns und nicht als unsere Mutter."

„Da bin ich ganz anderer Meinung, ihr müsst eure helle, empfindliche Haut vor den gefährlichen UV-Strahlen schützen, gerade in den ersten Tagen des Urlaubs, ansonsten könntet ihr ernsthaft krank werden."

Widerwillig stimmten die Mädchen zu und cremten sich mit einer großen Tube Sonnenmilch ein, die einen hohen Schutzfaktor hatte.

„Ist das geil hier", stellte Tessa begeistert fest, als die Bergers den Strand erreichten. Sonne, Sand, Meer und zahlreiche Badegäste, soweit das Auge reichte. Schwups, hatten Nele und Tessa ihre Jeans und T-Shirts ausgezogen, unter denen ihre rot-weiß gepunkteten Bikinis zum Vorschein kamen. Jauchzend liefen sie zum Wasser, das um diese Tageszeit im gleißenden Sonnenlicht hell glitzerte.

Unterdessen breiteten Celine und Sebastian vier mit Palmenmotiven bedruckte Strandtücher aus, die sie im letzten Sommer in St. Tropez gekauft hatten.

„Ich bin so glücklich, hier zu sein“, stellte Celine mit einem Seufzer fest.

„Ja Schatz, jetzt genießen wir erst einmal vierzehn Tage unsern langersehnten Sommerurlaub am Meer; das haben wir uns verdient“, sagte Sebastian, während beide zufrieden die Zwillinge im Meer beobachteten.

Nele hatte sich tatsächlich überwunden und war unmittelbar hinter Tessa ins Wasser gehechtet. Ausgelassen tobten die beiden umher, bis sie nach einer halben Stunde völlig erschöpft zurück zu ihren Eltern eilten und sich auf die Standtücher fallen ließen. Celine reichte ihnen ein weiteres Handtuch, damit sie sich gut abrubbeln konnten. Doch Geduld gehörte nicht unbedingt zu den Stärken der Mädchen und schon nach wenigen Minuten sprangen sie wieder auf, um am feinsandigen Strand nach ausgefallenen Muscheln zu suchen …

Während sie am Wasser entlangspazierten, vernahmen sie aus der Ferne Musik.

„Hörst du das?“, fragte Nele ihre Schwester.

„Ja, ich bin ja nicht taub“, antwortete Tessa, „aber ich kann zwischen den vielen Badegästen nicht herausfinden, woher die Melodie kommt.“

„Schau mal, dort drüben, der Junge auf dem Felsen. Ich glaube, er spielt auf einer Mundharmonika“, sprach Nele.

„Komm, wir gehen zu ihm und fragen, woher er kommt“, schlug Tessa vor.

„Ich weiß nicht, wir kennen ihn doch gar nicht. Vielleicht spricht er kein Deutsch, sondern Französisch und wir verstehen ihn nicht.“

„Das werden wir ja sehen, los, hab dich nicht so“, versuchte Tessa ihre Schwester zu überreden.

Nele und Tessa schlenderten bis zu dem ins Meer reichenden schroffen Felsvorsprung, worauf ein etwa elf Jahre alte Junge saß und Mundharmonika spielte. Bekleidet war er mit blau-weiß-rot gestreiften Boxershorts und an den Füßen baumelten blaue, stark verstaubte Flip-Flops. Sein nackter Oberkörper war braun gebrannt. Wie fast alle südländischen Kinder hatte er kohlrabenschwarzen Haare und braune Augen.

„Na du“, begrüßte Tessa den Jungen.

„Hi“, antwortete der Junge und blickte erstaunt auf die Mädchen.

„Seid ihr eineiige Zwillinge?“, fragte er in perfektem Deutsch.

„Das sollte man annehmen, wenn zwei Personen gleich aussehen“, sagte Tessa grinsend.

„Und wie kann ich euch auseinanderhalten?“, wollte der Junge wissen. „Ganz einfach, ich heiße Tessa, und meine Zwillingsschwester heißt Nele“, scherzte Tessa.

„Ha, ha, veralbern kann ich mich selber“, entgegnete der Junge und spielte wieder eine Melodie auf seiner Mundharmonika.

Die Mädchen setzten sich zu ihm auf den Felsen und hielten ihm ihre rechten Unterarme unter die Nase.

„Schau, Nele hat einen kleinen Leberfleck und ich habe keinen.“

„Das ist ja irre“, sagte der Junge und schaute verblüfft auf die Arme der Zwillinge.

„Ich heiße übrigens Benny. Macht ihr Urlaub auf dem Campingplatz?“

„Ja, wir sind soeben erst angekommen und nun bleiben wir zwei Wochen hier“, plauderte Tessa.

„Wohnst du auch auf dem Campingplatz?“, wollte Nele wissen.

Benny antwortete nicht gleich, doch nach einer Weile sagte er:

„Nein, ich wohne im ‚Haus der jungen Herzen‘, dort drüben hinter dem Pinienwäldchen.“

Nele und Tessa schauten sich verdutzt an: „Wo? Im Haus der ... was?“, fragte Nele irritiert.

„Im ‚Haus der jungen Herzen‘, wiederholte Benny.

Ihm war es unangenehm, darüber zu reden, das spürten die Mädchen.

Doch Tessa bohrte weiter: „Was ist das für ein Haus? Wohnst du dort mit deinen Eltern und warum spielst du auf dem Felsen Mundharmonika?“

„Das ist mein Lieblingsplatz“, erklärte Benny. „Das Meer zieht jeden in seinen Bann; hier könnte ich stundenlang sitzen, aufs Wasser schauen und Mundharmonika spielen.“

„Nun“, fuhr er fort, „im ‚Haus der jungen Herzen‘ wohnen Kinder, die keine Eltern mehr haben oder deren Eltern mit der Erziehung überfordert sind, zum Beispiel wegen Drogen oder Alkohol.“

„Ist es ein Waisenhaus?“, fragte Tessa.

„Es ist ein Waisenhaus und ein Kinderheim zugleich“, antwortete Benny.

„Als ich ein Baby war, sind meine Eltern bei einem Wohnungsbrand ums Leben gekommen. Ich war auch in der Wohnung, im Kinderzimmer, aber mein Schutzengel hat mich beschützt, denn ich wurde rechtzeitig von der Feuerwehr gerettet. Seitdem wohne ich im ‚Haus der jungen Herzen'."

Traurig blickte er auf seine Mundharmonika.

„Die Mundharmonika gehörte meinem Vater, er war ein großartiger Mundharmonikaspieler. Sie ist das einzige persönliche Teil, das ich von ihm habe und deshalb bedeutet sie mir sehr viel."

Er zeigte auf zwei eingravierte Buchstaben:

„B.B. – sie stehen für ‚Bernhard Brinkmann', so hieß mein Vater. Aber sie passen auch gut zu meinem Namen: Benny Brinkmann."

„Oh je, Benny, das ist echt traurig", sprach Tessa.

„Das tut mir leid", fügte Nele hinzu.

„Aber es geht mir auf keinen Fall schlecht, und ich habe viele gute Freunde", ergänzte Benny. „Außerdem werden wir von supernetten Erziehern und Erzieherinnen betreut, und Schwester Benedicta, die Leiterin des Hauses, ist Nonne und voll in Ordnung. Meine Gruppenleiterin Martina kenne ich schon, seit ich klein bin. Sie ist fast wie eine richtige Mutter zu mir und total cool drauf."

„Und wo sind die anderen Kinder jetzt?", fragte Tessa neugierig.

„Die schlafen", grinste Benny.

„Von 14.00 – 15.30 Uhr herrscht bei uns ‚Silentium'. Das bedeutet, dass alle während dieser Zeit in ihren Zimmern bleiben müssen und schlafen, lesen, oder sich ruhig verhalten sollen."

„Na, und du?", wollte Tessa wissen. „Gilt das für dich nicht?"

Benny nickte und sprach: „Normalerweise schon, aber heute bin ich wieder mal ausgebüxt. Das mache ich manchmal, wenn das Wetter schön ist. Ich finde es herrlich, die warmen Sonnenstrahlen zu spüren. An einem so schönen Sommertag kann ich mich unmöglich ins Bett legen.“

„Hast du dich auch gut mit Sonnenmilch eingecremt?“, fragte Nele besorgt.

„Nee“, lachte Benny, „das habe ich noch nie gemacht und einen Sonnenbrand hatte ich auch noch nie.“

Tessa warf ihrer Schwester einen bitterbösen Blick zu. Wie konnte Nele in dieser Situation nur von der blöden Sonnenmilch quatschen?

„Unsere Mutter ist nämlich Hautärztin“, fuhr Nele fort, „und sie meint …“ Doch Tessa schnitt ihr das Wort ab und fragte: „Können wir dich mal besuchen, im ‚Haus der jungen Herzen‘, was meinst du?“

„Klar, warum nicht, wie wäre es mit morgen, schließlich haben wir zurzeit auch Ferien“, antwortete Benny.

„Super, du kannst uns ebenfalls gerne besuchen, dort drüben steht unser Mobilheim, Nummer 12. Wir würden uns sehr freuen“, meinte Tessa.

„Wer kommt uns besuchen?“, fragte Sebastian, der urplötzlich neben ihnen stand.

„Du, Papa, das ist Benny, er wohnt im Haus der jungen Herzen und er spielt Mundharmonika. Können wir ihn morgen besuchen?“, bettelte Tessa.

„Moment, Moment, erst einmal guten Tag, Benny.“

Sebastian reichte dem Jungen die Hand.

„Also alleine können die Mädchen auf keinen Fall kommen. Wie wäre es, wenn wir morgen früh einen Spaziergang machen und dich bei dieser Gelegenheit kurz besuchen? Ist das okay?“, fragte Sebastian.

„Oh, das wäre mega-cool“, strahlte Benny, „vielleicht so gegen 11.00 Uhr?“

„Abgemacht“, entgegnete Herr Berger, „doch jetzt müssen wir unser Gepäck auspacken, da wir heute erst angekommen sind.“

„Weiß ich schon längst“, sagte Benny und lief fröhlich hinüber zum Pinienwald.

„Bis morgen“, rief er, winkte kurz und verschwand im dunklen Wald.

„Euch kann man aber keine Sekunde aus den Augen lassen“, sprach Sebastian. „Was ist das für ein Typ, den ihr da aufgegabelt habt und wo wohnt der? Im Haus der jungen Herzen? Das habe ich ja noch nie gehört.“

Die Mädchen überschlugen sich förmlich, um Sebastian alles zu erklären.

Und am Abend, als die Familie in einem der kleinen, schnuckeligen Restaurants am Hafen von St. Tropez zu Abend aß, erzählten Nele und Tessa abermals von ihrer Begegnung mit Benny, dem Jungen mit der Mundharmonika. Dabei fieberten sie aufgeregt dem neuen Tag entgegen.

## Das Haus der jungen Herzen

Am nächsten Morgen weckte Sebastian die Zwillinge gegen 9.30 Uhr. „Los, aufstehen“, rief er ihnen gut gelaunt zu.

„Das Frühstück ist fertig und Mama hat bereits frische Croissants beim Bäcker eingekauft.“

Nele und Tessa rieben sich verschlafen die Müdigkeit aus den Augen.

„Wir sind noch sooo müde“, murmelten sie.

„He“, meinte Sebastian, „denkt doch an unseren Spaziergang, wir wollen doch gemeinsam euren neuen Freund Benny besuchen, oder habt ihr keine Lust dazu?“

Im Nu waren die Mädchen aus den Betten gesprungen, ins Bad geeilt und kamen kurze Zeit später frisch geduscht und sommerlich angezogen an den liebevoll gedeckten Frühstückstisch. Nele und Tessa schlürften an ihrem warmen Kakao und aßen genüsslich ein Croissant mit selbst gemachter Erdbeermarmelade, die Celine von zu Hause mitgebracht hatte. Außerdem gab es Quark mit Obst.

Eine Stunde später verließen die Bergers das Mobilheim und spazierten gemütlich am Meer entlang.

Auch heute hatte sich die Sonne bereits mit ihrer ganzen Kraft durchgesetzt und ließ die romantische Bucht hell erstrahlen. Ihr Weg führte sie durch einen dichten, am Campingplatz angrenzenden Pinienwald, bis sie nach etwa zwanzig Gehminuten an ein riesiges, eingezäuntes Grundstück gelangten. Dahinter befand sich ein weiß verputztes Gebäude mit roten Dachziegeln.

„Das muss es sein“, rief Tessa, „hier wohnt Benny!“

Der Waldweg führte jetzt auf einen asphaltierten Gehweg, der plötzlich eine scharfe Rechtskurve machte. Nun waren Sebastian, Celine, Nele und Tessa an der Vorderseite des Gebäudes angelangt und blickten erstaunt auf das imposante, weiße Haus mit den vielen Fenstern. Es war riesig, es glich in etwa einer Schule, und über dem breiten Eingangsbereich stand mit großen dunklen Buchstaben geschrieben: DAS HAUS DER

JUNGEN HERZEN. Hinter den Buchstaben war ein rotes Herz angebracht. Es sah toll aus!

„Wow“, sagte Sebastian, der beim Betrachten des Hauses sofort von einer architektonischen Glanzleistung sprach. Erwartungsvoll betraten die Bergers das Gebäude. Die schwere Türe ließ sich kinderleicht öffnen und als sie im lichtdurchfluteten Eingangsbereich des Hauses standen und sich neugierig umschauten, kam ihnen Benny entgegengelaufen.

„Hallo“, rief er ihnen zu, „schön, dass ihr da seid.“

In diesem Moment öffnete sich eine der vielen Zimmertüren und eine freundlich lächelnde Ordensschwester fragte:

„Aha, Sie kommen also, um unseren Benny zu besuchen? Er hat uns natürlich schon von den eineiigen Zwillingen erzählt, die er gestern bei seinem unerlaubten Strandbesuch kennengelernt hat. Schauen Sie sich in aller Ruhe um und wenn Sie Fragen haben, beantworte ich sie gerne.“

Die Nonne stellte sich mit ‚Schwester Benedicta‘ vor und reichte allen die Hand. Belustigt schaute sie auf die beiden Mädchen. Nele und Tessa waren etwas eingeschüchtert, als die Nonne in ihrem schwarzen Gewand und mit einem Kreuz, das sie um den Hals trug, vor ihnen stand. Sie wirkte respekteinflößend auf die Kinder.

„Was für ein großartiges Haus“, sagte Sebastian beeindruckt.

„Papa ist nämlich Architekt“, platzte es aus Nele heraus.

„Na, wenn das so ist, führe ich Sie gerne persönlich durch unser Zuhause“, antwortete Schwester Benedicta erfreut und gab Celine und Sebastian zu verstehen, ihr zu folgen.

„Kommt, ich zeige euch mein Zimmer“, meinte Benny aufgeregt, und die Mädchen liefen freudestrahlend hinter ihm her. Auf der Treppe, die zum 1. Stockwerk führte, kam ihnen eine Horde schreiender Kinder entgegen.

„Die wohnen alle hier und sind meine Freunde“, sprach Benny.

Die Jungen und Mädchen starrten verblüfft auf die Zwillinge, als wären sie außerirdische Wesen.

„Cool, Zwillinge“, rief ein kleines Mädchen, das vor lauter Begeisterung beinahe gestolpert wäre.

Benny führte Nele und Tessa durch einen langen Flur mit vielen Türen.

„Hier ist es“, sagte er plötzlich und öffnete eine Türe, auf der sein Name, ‚Benny‘, stand.

„Oh, wie schön”, schwärmte Tessa beim Betreten des Zimmers.

„Affengeil”, fügte Nele hinzu.

Das Zimmer war im maritimen Stil gehalten: blaue Wände, weiße Möbel, ein Schreibtisch vor dem Fenster, von wo man aufs blaue Meer schauen konnte. An den Wänden waren einige Poster von Justin Bieber, Lady Gaga und Tokio Hotel angebracht, und auf einem kleinen runden Tisch, in der Mitte des Zimmers, stand ein Foto in einem Silberrahmen.

„Seht ihr, das ist mein Vater mit seinen Freunden. Gemeinsam gründeten sie eine Band und spielten überwiegend Blues-Musik.“

Die Mädchen betrachteten das Foto, auf dem fünf junge Musiker zu sehen waren. Ein Schlagzeuger, zwei Gitarristen und zwei Mundharmonikaspieler. Dabei deutete Benny auf den Musiker ganz rechts.

„Cool sieht er aus, mit seinen langen, blonden Haaren“, meinte Nele.

„Das finde ich auch“, strahlte Benny und stellte das Foto wieder an seinen Platz.

„Wie süß ist das denn?“, rief Tessa plötzlich. Erst jetzt sahen sie ein wunderschönes Bild an der Wand, auf dem zwei Haflingerponys abgebildet waren.

„Das sind ‚Rocky‘ und ‚Rabauke‘, unsere Ponys.“

„Was, hier gibt es Ponys?“, schrie Tessa begeistert. „Wo denn? Oh, ich möchte sofort zu den Ponys, bitte, Benny!“

„Kein Problem, dann lasst uns mal wieder runtergehen, zu den Pferdeställen.“

Als sie das Haus durch den Hintereingang verließen, liefen sie über eine nett angelegte Terrasse, an der sich ein wunderschöner Swimmingpool anschloss. „Hier würde ich auch gerne wohnen“, meinte Nele seufzend und tauchte ihre Hände in das wohltemperierte Wasser des Pools.

„Ja, super-mega-geil“, rief Tessa und hüpfte hinter Benny her, bis sie schließlich die Ponys erreichten.

„Booh, voll krass“, sagte Nele, als Benny die Boxentüre der Ponys öffnete.

„Das ist Rocky, der mit der breiten weißen Blässe.“ Er deutete auf den Kopf des Ponys.

„Und hier, der mit der schmalen Blässe, das ist Rabauke. Ansonsten sehen sie völlig gleich aus, genau wie ihr“, witzelte er.

„Sind die süß“, sprach Nele. „Dürfen wir sie streicheln?“

„Na klar, warum nicht?“ entgegnete Benny.

Die Zwillinge waren total aus dem Häuschen. Damit hatten sie auf keinen Fall gerechnet. Zärtlich streichelten sie das weiche Fell der Haflingerponys, umarmten sie und schmiegten sich an die Tiere. Schließlich erzählten sie Benny von Mozart, dem verhaltensgestörten Schimmelpony auf Hansens Ponyhof, mit dem sie nach ihrem Urlaub eine Musiktherapie mit ihren Geigen beginnen würden.

Benny hörte hochinteressiert zu und sprach: „Das müsst ihr unbedingt versuchen, denn ich bin hundertprozentig davon überzeugt, dass es funktioniert."

„Was macht dich da so sicher?", wollte Nele wissen.

Benny überlegte kurz, ehe er antwortete:

„Weil man mit Musik kommunizieren kann. Oder, einfacher gesagt, durch Musik kann man sowohl bei Menschen als auch bei Tieren Gefühle erzeugen und viel bewirken. Spielt ein Musiker ein gefühlvolles Lied, zum Beispiel auf der Geige, so kann er einen Menschen damit zu Tränen rühren. Dagegen kann ein fetziger Rhythmus einer Pop-Gruppe das Publikum zum Mitklatschen und Mitsingen animieren. Kurzum, Musik verzaubert, macht glücklich, kann ein Leben verändern und ist ein gutes Mittel gegen Angst."

„Okay", sagte Tessa, „bei Menschen können wir uns das gut vorstellen. Ob es auch bei Mozart, dem Schimmelpony funktioniert, müssen wir erst noch herausfinden, obgleich seine erste Reaktion auf unsere Musik sehr positiv war."

Benny schmunzelte und öffnete Rabaukes Boxentüre.

„Passt mal auf, ich möchte euch etwas zeigen", sprach er und fasste mit seiner rechten Hand in die helle Mähne des Haflingers und führte ihn hinaus auf den gegenüberliegenden kleinen Reitplatz. Dort ließ er ihn frei laufen.

Rabauke galoppierte wild drauflos, buckelte ausgelassen vor Freude und wieherte laut. Das machte er eine ganze Weile, bis Benny in die Mitte des Platzes ging, seine Mundharmonika aus der hinteren Hosentasche seiner verwaschenen Jeans holte und zu spielen begann. Rabauke blieb abrupt stehen, schaute aufmerksam zu Benny und spitzte seine Ohren. Interessiert schritt er zu ihm, bis er nur noch einen halben Meter von Benny entfernt war. Benny ging nun rückwärts, Mundharmonika spielend auf die Zwillinge zu, die am Einlass des Reitplatzes stehen geblieben waren. Das Pony folgte ihm, ruhig, Schritt für Schritt.

„Das ist ja geil“, stellte Tessa begeistert fest. „Rabauke folgt dir wie ein Hund.“

„Ja, das tut er tatsächlich“, antwortete Benny stolz, „er gehorcht mir aufs Wort. Das sah vor eineinhalb Jahren ganz anders aus. Martina, unsere Erzieherin, hat beide Ponys auf einem Pferdemarkt vor dem Schlachter gerettet. Hätte sie die Tiere nicht gekauft, wären die Ponys längst tot. Dabei waren sie damals erst drei Jahre alt und völlig gesund. Aber es sind halt Wallache und somit für die Zucht nicht zu gebrauchen. Hinzu kam, dass besonders Rabauke im Umgang sehr schwierig war und das, obwohl Haflinger eigentlich sehr gelehrig, brav und genügsam sind. Gott sei Dank war Schwester Benedicta damit einverstanden, dass die Ponys hierher kommen. Sie meinte, schließlich wäre hier das Haus der jungen Herzen und das würde auch für die jungen Ponys gelten. Also bauten wir mit vereinten Kräften zwei Pferdeboxen und diesen kleinen Reitplatz. Wann immer es möglich war, ging ich zu den Ponys und spielte auf meiner Mundharmonika. Schon nach kurzer Zeit stellte ich fest, dass gerade Rabauke ein Faible für Musik entwickelte und er immer zu mir kam, wenn ich spielte. Auch während wir die Ponys an Halfter, Trense, Sattel und Gamaschen gewöhnten, konnte ich beruhigend mit meinem Musikinstrument auf die Tiere einwirken. Mittlerweile kann ich fast alles mit Rocky und Rabauke machen, sie sind total zutraulich geworden."

Benny reichte Nele die Mundharmonika, ging zu Rabauke, nahm Schwung und zack, saß er auch schon auf dem Rücken des Haflingerponys.

„Hammer, Hammer", jubelten die Mädchen.

Ohne Sattel und Zaumzeug ritt Benny an ihnen vorbei. Er lenkte das Pony ausschließlich durch die Einwirkung seiner Kreuz-und Schenkelhilfen. Er galoppierte sogar mit Rabauke, erst auf der ‚rechten Hand', dann auf der ‚linken Hand'; es sah alles spielerisch leicht aus. In der Mitte der rechteckigen Reitbahn stand ein kleines Cavaletti. Diese Bodenricks dienen zur Gymnastizierung der Pferde. Plötzlich galoppierte Benny durch die Länge der Bahn und sprang mit Rabauke über das kleine Hindernis. Dabei hatte er seine Arme waagerecht ausgestreckt wie einst die Schauspieler Leonardo DiCaprio und Kate Winslet am Bug der Titanic.

„Das ist ja der helle Wahnsinn", rief Tessa entzückt, und Nele klatschte vor Begeisterung in die Hände.

Rabauke und sein Reiter machten vor den staunenden Mädchen eine Vollbremsung in feinster Westernmanier, ehe Benny schwungvoll von ihm heruntersprang und Rabauke zurück in die Box führte.

„Du hast wohl ein bisschen viel ‚Winnetou' geschaut", flachste Tessa.

„Ja, ich habe mir tatsächlich einige Kunststücke und Tricks beim Häuptling der Apachen abgeschaut", gab Benny zu.

„Doch auch Martina ist eine supergute Reiterin, die mir sehr viel beigebracht hat. Alle Kinder vom Haus der jungen Herzen bekommen, wenn sie es möchten, entweder auf Rocky oder auf Rabauke Unterricht bei Martina. Hoffentlich glaubt ihr mir jetzt, dass man mit Musik auch bei Tieren viel bewirken kann."

„Aber na klar, wir glauben dir", riefen die Zwillinge begeistert, während Nele Benny die Mundharmonika zurückgab.

„Du hast uns viel Selbstvertrauen für unsere Arbeit mit Mozart gegeben. Vielen Dank, Benny."

Mittlerweile war es schwül geworden und die Sonne hüllte die noch immer vor den Pferdeboxen stehenden Kinder mit ihrer sommerlichen Wärme ein. Eine attraktive, dunkelhaarige Frau, Anfang dreißig, in Reithose und Lederreitstiefel, kam auf die kleine Gruppe zu und rief fröhlich: „Aha, ihr müsst Nele und Tessa sein. Es hat sich schon herumgesprochen, dass ihr wie ein Ei dem anderen gleicht."

„Das ist sie", sagte Benny aufgeregt, „das ist Martina, meine Erzieherin und gleichzeitig meine Reitlehrerin.

„Und du hast sicherlich wieder Cowboy gespielt?", scherzte Martina und drückte Benny lächelnd an sich.

„Na ja, ein bisschen", antwortete Benny verlegen.

„Nele, Tessa, eure Eltern suchen euch schon, und hier im ‚HdjH' wird in zehn Minuten zu Mittag gegessen", erklärte Martina.

Gemeinsam gingen sie wieder ins Haus zurück. Auch die im Swimmingpool planschenden und kreischenden Kinder wurden von Martina aufgefordert, das Becken zu verlassen und sich in kürzester Zeit im Speisesaal einzufinden.

„Da seid ihr ja endlich", sagten Celine und Sebastian, als sie ihre Töchter erblickten.

„Oh Mutti, Papi, wir waren bei Rocky und Rabauke, den Haflingerponys, sie sind so süüüß", erzählte Nele.

„Dürfen wir morgen auch wieder hierher?", fragte Tessa erwartungsvoll. „Wir wollten doch nach St. Tropez fahren und shoppen gehen", entgegnete Celine erstaunt.

„Hm, darf Benny mit uns fahren?", bettelte Nele. Alle Augen richteten sich auf Martina.

„Eigentlich ist das nicht erlaubt, aber wenn Sie mir versprechen, gut auf Benny aufzupassen, machen wir mal eine Ausnahme. Schließlich sind auch hier zurzeit Ferien, und es wäre für ihn eine willkommene Abwechslung."

„Hurra", schrien die Kinder, „super toll."

Benny, Nele und Tessa waren außer sich vor Freude.

„Okay, Benny, wir holen dich morgen gegen 11.00 Uhr ab", bestimmte Sebastian. „Wenn die Frauen shoppen, gehen wir Männer ein Eis essen, in Ordnung?"

„Oh cool, bis morgen", antwortete Benny und rannte glücklich davon.

Auf dem Weg zurück zum Mobilheim erzählten Celine und Sebastian den Kindern von der Unterhaltung mit Schwester Benedicta. Vor elf Jahren hatte die Nonne in Südfrankreich eine deutsche Stiftung gegründet und mit Spendengeldern das fantastische Haus der jungen Herzen erbauen lassen. Seit dieser Zeit hatten viele Kinder in dem fürsorglich familiär geführten Haus eine neue Heimat gefunden. Einige kamen aus schwierigen sozialen Verhältnissen, waren gedemütigt, seelisch erschüttert und hatten nichts vom Wohlstand der Welt mitbekommen.

Das ‚HdjH' versuchte, sie mit Liebe, Geborgenheit und viel Verständnis wieder in die Spur des Lebens zurückzuführen. Es wurde den Kindern sogar ermöglicht, öffentliche Schulen zu besuchen und nachmittags wurden sie von gut ausgebildeten Pädagogen bei den Hausaufgaben betreut.

Einige unter ihnen, auch Benny, lernten außer ihrer Muttersprache zwei weitere Fremdsprachen, Englisch und Französisch. Man achtete auf eine sinnvolle, vielfältige Freizeitgestaltung wie das Erlernen eines Musikinstruments, als auch auf Sport, Computer - und Reitunterricht. Insbesondere der Reitunterricht inklusive der Fütterung und Pflege der Ponys diente dazu, das Verantwortungsbewusstsein der Kinder zu fördern.

Das alles und noch viel mehr wurde, dank Schwester Benedicta, getan, um den Bedürfnissen der Kinder gerecht zu werden und um ihnen eine gute, sorgenfreie Zukunft zu ermöglichen.

Nele und Tessa war der Gedanke, ohne ihre Eltern aufwachsen zu müssen, unvorstellbar und unangenehm. Sie waren stets in einem gut behüteten, familiären Umfeld aufgewachsen und hatten ausschließlich die schönen und angenehmen Seiten ihrer Kindheit kennengelernt. Irgendwie tat Benny ihnen leid, da er keine normalen Familienverhältnisse genießen konnte.

Gerade deshalb freuten sich alle auf den morgigen Tag, aufs Shoppen und Bummeln in St. Tropez.

## Shoppen – und eine tolle Überraschung

Mit zehn Minuten Verspätung fuhr Familie Berger am Haus der jungen Herzen vor. Benny stand bereits draußen und wartete ungeduldig. Er trug weiße Turnschuhe, blaue Jeans, dazu ein weißes T-Shirt, wodurch seine gebräunte Haut noch mehr hervorgehoben wurde. Sein Kopf war mit einer blauen Baseballkappe bedeckt. Er sah süß aus.

„Hallo, ich dachte schon, ihr hättet mich vergessen“, sagte Benny etwas vorwurfsvoll, als er ins Auto einstieg.

„Unsinn“, erwiderte Sebastian, „Nele und Tessa kamen mal wieder nicht in die Pötte.“

„Papa, das ist nicht fair, Mama hat viel zu lange das Badezimmer blockiert“, meinte Tessa.

„Ja, weil ihr mir nicht geholfen habt, den Frühstückstisch abzuräumen“, stellte Celine klar.

„Das spielt doch nun keine Rolle mehr“, entgegnete Sebastian. „Wir fahren jetzt nach St. Tropez und machen uns einen schönen Tag. Basta!“

„Oh ja, das machen wir“, stimmten die Kinder fröhlich zu.

Nach einer guten halben Stunde erreichten sie St. Tropez, die von mit Pinien bedeckten Hügeln umgebene Stadt. Nicht nur früher war das charmante Städtchen am Mittelmeer das Ziel der Reichen und Schönen dieser Welt. Noch heute besaß es durch seine herrliche, malerische Lage eine große Anziehungskraft. In den vielen Luxusboutiquen konnte man sein Geld für exquisite Dinge sehr schnell loswerden. Auch Nele und Tessa hatten einen besonderen Wunsch. Sie liebäugelten mit einer trendigen Designer-Jeans. Das Geld dafür hatten sie vor einigen Wochen bei einem Besuch von Oma Helga und Opa Frank, Sebastians Eltern die in Hamburg lebten, geschenkt bekommen.

Auf dem Parkplatz in der Nähe des kleinen Fischerhafens ‚Port Ancien Bassin' stellten sie den türkisfarbenen Mietkombi ab. Man verabredete sich in zwei Stunden am Hauptplatz, dem ‚Place des Lices'. In der Zwischenzeit erkundeten Sebastian und Benny den Hafen, in dem sich die zahlreichen Fischer- und Pendelboote unter einem strahlend blauen Himmel in der Sonne wiegten. Celine, Nele und Tessa hingegen freuten sich auf einen Bummel durch die Einkaufsstraßen von St. Tropez. Die Zwillinge hofften, in einer der kleinen Boutiquen für jede eine superschicke Jeans zu finden.

Sebastian und Benny schlenderten langsam durch die schmalen Gassen. Ihr Weg führte sie an einem Wochenmarkt vorbei, auf dem viele südländische Produkte angeboten wurden, insbesondere frischer Fisch und Obst aus der Region. Auch ein Kunstmarkt mit vielen bunten Bildern mit Meer-, Schiffs- und Landschaftsmotiven, weckte ihr Interesse.

Doch plötzlich blieb Benny wie erstarrt stehen.

„Schauen Sie mal, Herr Berger, dort drüben ist ein Musikgeschäft. Obwohl ich schon mehrmals mit Martina hier war, ist es mir zuvor noch nie aufgefallen. Ich würde mir so gerne die Musikinstrumente im Schaufenster anschauen, geht das?"

„Natürlich." Sebastian legte vertraut seinen Arm um Bennys Schulter, bis sie das Geschäft erreicht hatten.

„Mein lieber Scholli, so viele Musikinstrumente auf einmal habe ich in meinem ganzen Leben noch nicht gesehen", staunte Benny.

„Sollen wir mal reingehen?", schlug Sebastian vor.

„Oh, das wäre echt cool."

„Na dann, komm." Sebastian und Benny betraten den Laden.

„Voll krass", entfuhr es Benny, als sie sich im Innern des Geschäfts umschauten. Flöten, Pianos, Schlagzeuge, Klarinetten, Gitarren, ein Akkordeon, Geigen, elektrische Gitarren, Verstärker, Lautsprecher, Mikrofone, Keyboards, Notenständer, Notenhefte und, und, und ... Bennys Augen kamen nicht zur Ruhe. Ständig blieben seine Blicke an etwas Neuem haften.

„Musikerherz – was willst du mehr", rief Sebastian sichtlich beeindruckt. „Hier könnte ich einen ganzen Tag verbringen", sprudelte es aus Benny heraus. Besonders die vielen Mundharmonikas in einer Glasvitrine hatten es ihm angetan.

„Mannomann, die sehen ja toll aus", stellte er begeistert fest.

„Leider sind sie ziemlich teuer, aber eines Tages werde ich so eine wunderschöne Mundharmonika besitzen", sagte Benny entschlossen.

„Das glaube ich dir aufs Wort", nickte Sebastian zustimmend.

Bennys Aufmerksamkeit richtete sich auf einen Ständer mit schwarzen Baseballkappen. Auf jeder Kappe war ein silbernes, ovales Plättchen befestigt, auf das der Hersteller jeweils ein Musikinstrument eingraviert hatte.

„Die sind ja mega-mega-geil. Ob auch Baseballkappen mit einer eingravierten Mundharmonika dabei sind?", fragte Benny aufgeregt.

Sebastian und Benny durchwühlten den gesamten Ständer, bis sie schließlich ganz unten eine Kappe mit einer Mundharmonika fanden. Benny nahm seine blaue Kappe vom Kopf und Sebastian setzte ihm die schwarze Kappe mit dem silbernen Plättchen samt Mundharmonikagravur auf. Beim Blick in den Spiegel rief Benny:

„Groovy, echt groovy!"

Doch beim Betrachten des Preisschildes verfinsterte sich sein Gesichtsausdruck.

„So ein Mist, sie kostet satte 19,95 Euro, soviel Geld habe ich nicht. Martina hat mir nur 10 Euro Feriengeld gegeben."

Sebastian schmunzelte und sagte: „Benny, wir laden dich heute ein, und die Kappe schenke ich dir, okay?"

„Nein, Herr Berger, das darf ich nicht annehmen, wirklich nicht, ich spare mir die Baseballkappe zusammen, ich schaffe das schon."

„Benny, meinetwegen spare dir eine dieser teuren Mundharmonikas zusammen, aber diese schwarze Kappe möchte ich dir von ganzem Herzen schenken. Sie soll dich immer an unsere gemeinsame schöne Zeit hier in Südfrankreich erinnern. Und nun bitte keine Widerworte mehr!"

Sebastian ging mit der Kappe in der Hand zur Kasse, zückte sein Portmonee und gab dem Verkäufer den verlangten Betrag. Dann setzte er Benny die Kappe auf.

„Vielen Dank, ich freue mich sehr", rief Benny und drückte Sebastian fest an sich. Ein letzter stolzer Blick in den Spiegel und beide verließen glücklich das Geschäft.

Am ‚Place des Lices' herrschte lebhaftes Treiben. Sebastian und Benny hielten Ausschau nach Celine und den Mädels, doch sie schienen noch nicht am vereinbarten Ort zu sein. In einem zum Verweilen einladenden Straßencafé, das erfreulicherweise auch über eine gut sortierte Speiseeiskarte verfügte, ließen sich Sebastian und Benny nieder.

„Was möchtest du trinken?", fragte Sebastian.

„Ich hätte gerne eine Limonade", antwortete Benny und schaute begeistert auf seine beiden Baseballkappen, die er abwechselnd vom Kopf nahm und zum Schutz gegen die Sonne wieder aufsetzte. Während die hübsche, dunkelhaarige Kellnerin eine Limonade für Benny und ein Weizenbier für Sebastian servierte, spielte Benny leise auf seiner Mundharmonika.

„Ich weiß genau, wie ich mir eine neue Mundharmonika zusammenspare", dachte Benny laut.

„Na, da bin ich aber gespannt."

„Herr Berger, sehen Sie dort drüben die Apotheke?"

„Ja, die sehe ich."

„Dann passen Sie mal auf."

Benny trank einen kleinen Schluck von seiner Limonade, um seinen Durst zu löschen. Dann stand er auf und schlängelte sich zwischen Tischen und Stühlen, auf denen Touristen aus aller Welt Platz genommen hatten, hinüber zur Apotheke. Seine blaue Baseballkappe positionierte er mit der offenen Seite nach oben auf den Boden, sodass man etwas hineinwerfen konnte. Die neue, schwarze Kappe hatte er tief ins Gesicht gezogen. Anschließend holte er kräftig Luft und spielte das Lied **'Hey, Pippi Langstrumpf'**:

**„2 x 3 macht 4**
**Widdewiddewitt und drei macht neune!!**
**Ich mach' mir die Welt**
**Widdewidde wie sie mir gefällt …**

**Hey – Pippi Langstrumpf**
**trallari trallahey tralla hoppsassa**
**Hey – Pippi Langstrumpf,**
**die macht, was ihr gefällt.**

**Hey – Pippi Langstrumpf**
**trallari trallahey tralla hoppsassa**
**Hey – Pippi Langstrumpf,**
**die macht, was ihr gefällt.**

**Ich hab' ein Haus,**
**ein kunterbuntes Haus**
**ein Äffchen und ein Pferd,**
**die schauen dort zum Fenster raus.**
**Ich hab' ein Haus,**
**ein Äffchen und ein Pferd,**
**und jeder, der uns mag,**
**kriegt unser 1 x 1 gelehrt …"**

**usw. usw. ………**

(von Astrid Lindgren)

Im Nu bildete sich eine große Menschentraube um ihn herum. Kinder sangen und hüpften vor Freude aufgeregt hin und her. Ältere Personen mit Rollatoren, die aus der Apotheke herauskamen oder diese gerade betreten wollten, blieben schmunzelnd stehen, wiegten sich im Takt der Melodie und warfen Geldmünzen in die Baseballkappe.

„Ein cleveres Kerlchen", schoss es Sebastian durch den Kopf. Nein, um Benny brauchte man sich keine Sorgen zu machen, er würde sein Leben auch ohne Eltern meistern, da war sich Sebastian ganz sicher.

Applaus ertönte, als Benny seine spontane Musikeinlage beendete und strahlend zu Sebastian zurückkehrte. Er nahm die Münzen aus der blauen Baseballkappe und zählte sie. 2,35 Euro in nur wenigen Minuten – na, wenn er das einige Male tun würde, hätte er schnell ein nettes Sümmchen zusammen. Genau so würde er es machen.

„Wieso hast du dich ausgerechnet vor eine Apotheke gestellt und musiziert?“, wollte Sebastian wissen.

„Weil dort viele Rentner reingehen, um ihre Medikamente zu kaufen. Dann haben sie bereits ihre Geldbörse in der Hand und wenn sie hören, wie ich spiele, sind sie großzügig und werfen mir Geldstücke in die Kappe.

„Du bist mir vielleicht eine Marke“, stellte Sebastian amüsiert fest und trank genüsslich von seinem Bier.

„Hallo Papa, hallo Benny, wir sind wieder daaa“, trällerten die Zwillinge schon von Weitem.

Celine hetzte ihnen hinterher, fuhr mit den Händen durch ihre zerzausten Haare und seufzte: „Ich bin fix und fertig; schaut mal, was Nele und Tessa gekauft haben.“

In ihren Armen hielten die Mädchen je ein großes Kuscheltier – Haflingerfohlen. Sie sahen den echten Haflingerponys Rocky und Rabauke sehr ähnlich.

„Oh, wie niedlich“, meinte Benny und Sebastian lächelte.

Unterdessen holte Celine tief Luft und stellte zwei überdimensionale Plastiktüten auf den Tisch.

„Und jetzt kommt der Hammer“, kündigte sie an und brachte zwei große, rosafarbene Putzkoffer samt Pferdeputzzeug zum Bürsten und Striegeln zum Vorschein.

Die Zwillinge quietschten vor Vergnügen und blickten in zwei erstaunte Gesichter.

„Da wird ja der Hund in der Pfanne verrückt“, grölte Benny. „Ich dachte, ihr wolltet euch jede eine Jeans kaufen.“

„Das wollten wir auch, aber als wir zufällig an einem Reitsportgeschäft vorbeikamen, konnten wir einfach nicht daran vorbeigehen.“

„Ist ja auch kein großer Unterschied, ob Designer-Jeans oder Putzkoffer“, scherzte Sebastian und alle lachten. „Trotzdem bin ich sehr gespannt, wie ihr es Opa und Oma verklickern wollt, dass ihr das Feriengeld für zwei Putzkoffer samt Putzzeug ausgegeben habt.“

Während sich Celine und Sebastian mit Früchtebechern und die Kinder mit Spaghetti-Eis stärkten, berichtete Sebastian von Bennys musikalischem Auftritt.

Celine und die Mädchen bedauerten, nicht dabei gewesen zu sein.

Bennys neue Kappe fanden alle ‚trendy‘ und nachdem man zurück zum Parkplatz gegangen war und die gekauften Sachen in den Kombi verfrachtet hatte, unternahmen sie am Nachmittag gemeinsam eine wunderschöne Bootstour.

Ein gemütliches Abendessen in einer kleinen, urigen Pizzeria in Hafennähe war ein schöner Ausklang des ereignisreichen Tages. Danach fuhren die Bergers Benny zurück zum Haus der jungen Herzen. Schwester Benedicta und Martina standen vor der Eingangstüre und unterhielten sich angeregt, als sie den türkisfarbenen Kombi erblickten.

Die beiden Frauen liefen dem Auto entgegen, um Benny in Empfang zu nehmen. Sie bedankten sich herzlichst bei Herrn und Frau Berger, dass sie ihn mit nach St. Tropez genommen und ihm somit einen sehr schönen Ferientag bereitet hatten.

„Schwester Benedicta, Martina“, rief Benny aufgeregt, als er die hintere Autotür öffnete und flink ausstieg.

„Heute war ein supertoller Tag und schaut mal, was Herr Berger mir gekauft hat.“

Der Junge zeigte stolz auf seine neue, schwarze Baseballkappe, die er logischerweise aufgesetzt hatte, damit sie entsprechend zur Geltung kam.

„Toll, steht dir gut“, bestätigte Martina und die Ordensnonne entgegnete: „Herr Berger, das wäre doch nicht nötig gewesen, wir sind Ihnen sehr zu Dank verpflichtet.“

„Ach, ich bitte Sie, das haben wir doch gerne gemacht. Und für unsere Zwillinge war es eine willkommene Abwechslung und eine interessante Erfahrung, mal für ein paar Stunden einen ‚Bruder‘ zu haben.“

Alle lächelten.

Martina wandte sich unterdessen den Mädchen zu und sprach:

„Wir möchten uns revanchieren und euch ebenfalls eine Freude machen. Könnt ihr morgen früh um 9.00 Uhr hier sein? Wenn ihr Lust habt und eure Eltern es erlauben, würde ich euch gerne Reitunterricht geben, auf Rocky und Rabauke.“

Den Zwillingen blieb der Mund offen stehen. Hatten sie richtig gehört?

Sie sollten reiten? Morgen? Was für eine tolle Überraschung!

Tessa hatte als Erste ihre Sprache wiedergefunden und rief:

„Was? Reiten? Wir? Geil, einfach nur geil!“

„Irre, total mega-cool“, fügte Nele glücklich hinzu.

„Mama, Papa, wir dürfen doch, oder?“

„Wir haben nichts dagegen“, antwortete Sebastian. Auch Celine nickte zustimmend.

„Fein, dann bleibt es bei morgen. Zieht bitte bequeme Jeans an und ein Sweatshirt. Von mir bekommt ihr die Reithelme, eine Reitsicherheitsweste und Stiefel."

„Oh, cool", kam es aus zwei Kehlen.

„Na, dann noch einen schönen Abend und schlaft gut", sagten Martina und Schwester Benedicta und winkten der Familie Berger zum Abschied freundlich zu.

Herr Berger wendete das Auto und dann ging im Innern des Wagens im wahrsten Sinne ‚die Post ab'. Die Mädchen waren außer Rand und Band. „Sag mir, dass das kein Traum ist", schrie Tessa.

Nele kreischte vor Freude so laut, dass Celine ihre Ohren zuhalten musste. „Ich kann vor Aufregung bestimmt nicht schlafen", meinte sie.

„Ich auch nicht, Papa, du musst uns unbedingt fotografieren, wenn wir auf Rocky und Rabauke reiten. Hörst du? Unbedingt!"

„Jaaa, das mache ich, nun kommt mal wieder runter."

Zwischenzeitlich hatten sie das Mobilheim erreicht.

„Ihr habt ja einen hochroten Kopf", stellte Celine besorgt fest während sie aus dem Auto stieg. „Habt ihr etwa Fieber?"

„Quatsch, es geht uns ausgezeichnet, wir sind nur aufgeregt, sonst nichts."

Am späten Abend saßen die Zwillinge in ihren Schlafanzug-Shortys auf Tessas Bett. Es war schwülwarm und an Schlafen nicht zu denken.

„Sollen wir morgen früh unsere neuen Putzkoffer mitnehmen?", fragte Nele. „Natürlich, ich freue mich schon riesig, wenn wir Rocky und Rabauke putzen dürfen.

„Nehmen wir auch unsere Kuscheltiere mit?“

„Na klar, ab heute sind sie unsere Maskottchen, unsere Glücksbringer. Nur schade, dass wir für sie noch keine schönen Namen gefunden haben“, stöhnte Tessa.

Die Mädchen knieten sich aufs Bett und schauten durch das kleine Mobilheimfenster in die dunkle, sternenklare Nacht. Sie seufzten und knabberten nachdenklich an ihren Fingernägeln.

Wieso fielen ihnen keine Namen ein? Vielleicht wäre ja Kaspar, René oder Ferry, Zenti, Puppa, Natan, Stupsi oder Nero nicht schlecht? Aber so richtig sagte ihnen keiner dieser Namen zu.

Plötzlich rief Nele: „Ich hab’s, schau mal in den funkelnden Sternenhimmel, ich nenne mein Kuscheltier ‚Funkelnder Stern‘“!

„Oh wie süß“, gab Tessa neidisch zu.

Angestrengt dachte auch sie nach. Wenige Sekunden später folgte der Jubelschrei: „‚Leuchtender Mond‘, mein Haflingerfohlen heißt ‚Leuchtender Mond‘“!

„Supi, supi, supi.“

Die Mädchen umarmten sich vor Freude und drückten ihre Kuscheltiere fest an sich.

„Du Nele, sollen wir für diese Nacht unsere Betten zusammenschieben?“, fragte Tessa.

„Au ja, tolle Idee.“ Die Kinder rückten beide Betten aneinander, sprangen hinein und fühlten sich wie im siebten Himmel. In ihren Armen hielten sie zärtlich die Kuscheltiere Funkelnder Stern und Leuchtender Mond.

„Komm lass uns schlafen“, riet Nele. „Wir müssen früh aufstehen und fit sein, schließlich haben wir morgen die erste Reitstunde unseres Lebens.“

„Okay, gute Nacht, Nele.“

„Gute Nacht, Tessa.“

Und als der Mond sein schwaches Licht durch das kleine Mobilheimfenster an die Wand des Kinderzimmers warf, waren die Mädchen tief und fest eingeschlafen.

## Die erste Reitstunde

Pünktlich um 9.00 Uhr betrat Familie Berger das Haus der jungen Herzen. Die Zwillinge hielten ihre Kuscheltiere fest in ihrem rechten Arm und pressten sie gegen die Brust. Mit der anderen Hand schleppten sie ihre sperrigen Putzkoffer.

„Ihr sollt zu den Ponys kommen, Martina und Benny warten schon auf euch", rief ihnen ein Mädchen mit langen, blonden Haaren zu, das eilig durch die Eingangshalle lief.

Sebastian, Celine, Nele und Tessa begaben sich zu den Pferdeställen. Rocky und Rabauke waren vor ihren Boxen angebunden und machten in der angenehmen Kühle des Sommermorgens einen zufriedenen Eindruck. Benny und Martina waren damit beschäftigt, sie zu putzen.

„Hallo, guten Morgen, da seid ihr ja", begrüßten Martina und Benny die Familie. „Aha, ihr habt eure neuen Kuscheltiere und eigenes Putzzeug dabei, super. Habt ihr schon mal ein Pony gebürstet?"

„Nein, eigentlich noch nie", antworteten die Mädchen.

„Na dann erkläre ich es euch.

Ganz wichtig ist, dass ihr ein Pferd, beziehungsweise ein Pony, immer ansprecht. Man geht nie von hinten an ein Pony, da es sich leicht erschrecken und euch dadurch verletzen könnte."

Die Zwillinge nickten, das hatten sie verstanden.

„Sind euch schon Namen für eure Schmusetiere eingefallen?“, fragte Martina interessiert.

„Ja, Funkelnder Stern und Leuchtender Mond“, tönte Tessa.

Benny und Martina fanden die Namen süß und total passend. Martina nahm vorsichtig beide Stofftiere und stellte sie auf eine große, rechteckige, dunkelgrüne Kiste.

„Das ist unsere Futterkiste, darin befinden sich Hafer und Pellets für die Ponys. Auf der Kiste stehen eure Tiere sicher und werden nicht schmutzig, okay?“

„Okay“, erwiderten Nele und Tessa.

„Zeigt mal, was in euren Putzkoffern ist“, wollte Martina wissen.

Die Mädchen öffneten stolz die rosafarbenen Kisten und brachten Bürsten, Striegel, Schwämme und Hufkratzer zum Vorschein.

„Aha, sehr gut.“

Während Benny Rabauke striegelte, erklärte Martina den Zwillingen das unterschiedliche Putzzeug, dessen Bedeutung und wie man es anwendet. „Durch kreisende Bewegungen mit dem Striegel werden Staub, Dreck und klebrige Stellen im Fell gelöst. Mit der Bürste, man nennt sie auch Kardätsche, bürstet man den Staub weg und streift die Kardätschen am Striegel ab. Schaut mal, so wird's gemacht.“

Aufmerksam verfolgten sie Martinas Putzbewegungen. Anschließend klopfte Martina den Striegel am Boden ab, drehte sich zu den Mädchen und sprach: „So, jetzt seid ihr dran, versucht es doch bitte mal.“

Eifrig nahmen Nele und Tessa je eine Kardätsche in die linke und einen Striegel in die rechte Hand und bürsteten Rocky.

„So macht ihr das prima“, lobte Martina. „Man fängt am Kopf an und bürstet in Fellrichtung bis zum Schweif.“

Martina nahm eine Wurzelbürste aus dem Putzkoffer der Mädchen und bürstete damit die Beine des Ponys. Anschließend säuberte sie mit einem Schwamm die Augen und Nüstern. Die Zwillinge schauten interessiert zu.

„Wichtig ist, dass man die Hufe der Ponys vor und nach dem Reiten säubert und einfettet. Ich zeige euch das mal.“

Martina stellte sich dicht neben die Hinterbeine von Rocky, berührte mit der Hand ein Bein, welches Rocky bereitwillig in die Höhe nahm. Dann legte sie den Huf angewinkelt auf ihr Knie, sodass sie mit dem Hufkratzer den Huf mühelos auskratzen konnte. Mit dem anderen Hinterhuf machte sie es danach ebenso.

„Wollt ihr es vorne versuchen?“, fragte Martina.

„Oh ja, cool“, riefen die Kinder voller Tatendrang.

Tessa säuberte den linken Vorderhuf, Nele anschließend den rechten Vorderhuf von Rocky.

„Das habt ihr super gemacht“, sagte Martina anerkennend. „Hier ist Huffett und ein Pinsel, damit könnt ihr nun alle vier Hufe einfetten.“

Die Zwillinge waren total in ihrem Element und bemerkten daher gar nicht, dass Sebastian sie die ganze Zeit fotografierte.

Benny hatte Rabauke bereits geputzt, gesattelt und aufgezäumt. Er setzte sich zu den Stofftieren auf die Futterkiste. Während er Tessa und Nele aus seinen Augenwinkeln haargenau beobachtete, spielte er leise eine Melodie auf seiner Mundharmonika.

Martina nahm eine dunkelgrüne Satteldecke und legte sie auf Rockys Rücken.

„Beim Satteln muss man immer darauf achten, dass die Satteldecke faltenfrei aufliegt, sonst bekommen Ponys und Pferde später beim Reiten Druckstellen, und das würde ihnen wehtun“, erklärte sie.

Mit einem kräftigen Hauruck hob sie einen schwarzen Sattel von einem in der Wand fest verankerten Sattelhalter und legte ihn behutsam auf die Satteldecke, auf Rocky’s Rücken. Der Sattelgurt baumelte nun senkrecht am Leib des Ponys herunter. Martina bückte sich, streckte ihren rechten Arm unter den Bauch des Ponys und ergriff den Gurt. Jetzt befestigte sie den Gurt an zwei Sattelschnallen und zog ihn leicht an.

„Wisst ihr“, fuhr sie fort, „manche Ponys blähen sich während des Sattelns auf, daher gurtet man kurz vor dem Aufsitzen noch einmal nach. Später muss man ein weiteres Mal nachgurten, ansonsten könnte der Sattel während des Reitens rutschen, oder die Ponys bekommen ‚Sattelzwang‘. So bezeichnet man die Angst der Tiere, wenn man den Gurt zu kräftig anzieht.“

Die Zwillinge schauten sich fragend an.

„Hähhh?“ So richtig hatten sie das nicht kapiert, doch Martina lachte und sprach: „Alles zu seiner Zeit, jetzt machen wir euch erst mal chic.“

Sie öffnete einen der vier Holzspinde, die sich neben den Boxen befanden und holte zwei anthrazitfarbene Reithelme hervor.

„Wollen wir doch mal sehen, ob sie passen.“

Nele und Tessa hatten ihre langen, rötlich-braunen Haare zu einem Pferdeschwanz gebunden, als Martina ihnen die Helme auf den Kopf setzte. Beim Verschließen der Kinnriemen berührte Martina mit ihren Fingern leicht die Gesichter der Mädchen. Sie spürte, dass ihre Wangen vor lauter Aufregung glühten, wie heißer Sand zur Mittagszeit.

„Na bitte, perfekt. Die Reitsicherheitswesten müssten euch normalerweise ebenfalls passen.“

Die Mädchen zogen die starren, schwarzen Westen über ihren Oberkörper und Martina war ihnen beim Schließen der Klettverschlüsse behilflich.

„Super, doch jetzt könnte es problematisch werden. Was habt ihr für Schuhgrößen?“, fragte sie.

„Größe 35“, antworteten die Zwillinge gleichzeitig.

„Tja, leider habe ich nur noch ein Paar Gummistiefel in Größe 35 und ein Paar in Größe 36.“

„Egal, die größeren nehme ich, da ich heute etwas dickere Strümpfe angezogen habe“, erklärte Tessa, während beide in engen Röhrenjeans in die Stiefel schlüpften.

„Na super, dann kann es jetzt losgehen.“

Celine nahm Sebastian die Digitalkamera aus den Händen und fotografierte mit großer Begeisterung ihre Kinder im Reitdress. Sie sahen so süß aus, dass es selbst Sebastian die Sprache verschlug.

Martina zäumte Rocky mit einer Trense auf und nahm anschließend eine etwa 7 Meter lange Leine zur Hand.

„Das ist eine Longe, damit führt, also longiert man Ponys und Pferde, wenn sie aus dem Stall kommen.“

„Und warum macht man das?“, fragte Nele wissbegierig.

„Nun ja, es kann schon mal vorkommen, dass ein Pony bis zu 24 Stunden am Tag im Stall steht. Wenn man es dann reiten möchte, sollten zuerst durch Longieren die Muskeln, Sehnen und Bänder des Tieres gelockert und gedehnt werden.

Bei der Leichtathletik zum Beispiel oder bei Fußballspielen habt ihr doch sicherlich schon beobachtet, dass sich die Sportler durch gymnastische Übungen vor einem Wettkampf oder vor einem Spiel aufwärmen?“

„Na klar, das machen wir in unserem Sportunterricht genauso“, schoss es Tessa durch den Kopf.

„Ja richtig“, bestätigte Nele.

„Ponys und Pferde werden aber auch longiert, damit sich Vertrauen zwischen Tier und Reiter entwickelt, besonders bei jungen Pferden. Und an der Longe dürfen sie auch mal einen kleinen Freudensprung machen, herumbuckeln und sich des Lebens erfreuen. Schließlich bewegen sich Tiere naturgemäß viel lieber draußen in der Herde, als gelangweilt in einer Box zu stehen.“ – „Hörst du?“, flüsterte Tessa Nele ins Ohr. „Das müssen wir unbedingt bei Mozart versuchen, wenn wir wieder zu Hause sind.“

Nele nickte eifrig.

Martina wies Benny an, die Mundharmonika endlich beiseite zu legen und sich auf Rabauke zu konzentrieren.

„Longiere ihn erst ein bisschen auf dem oberen Zirkel und dann reitest du ihn“, schlug Martina vor.

„Okay.“ Benny nahm ebenfalls eine Longe zur Hand und begab sich mit Rabauke auf die hintere Hälfte des Reitplatzes. Martina führte Rocky auf den unteren Bereich des Platzes und bat Nele, Tessa und Herrn und Frau Berger, sich auf die hinter dem Zaun stehende weiße Holzbank zu setzen. Von dort hätten sie eine gute Sicht über den gesamten Reitplatz.

Sebastian, Celine und die Mädchen beobachteten, wie Benny und Martina, beide in T-Shirt, Reithosen und Lederreitstiefel gekleidet, routiniert die Haflingerponys erst rechts, dann links herum im Schritt, Trab und Galopp longierten.

Tatsächlich buckelte besonders Rabauke mehrmals ausgelassen an der Longe, bis beide Ponys nach einigen Minuten zunehmend ruhiger wurden. Während dieser Zeit hatten sowohl Martina als auch Benny zwei weitere Male den Sattelgurt nachgezogen, sodass beide Sättel jetzt ganz fest auf dem Rücken der Ponys befestigt waren.

„Benny, komm doch bitte zu mir und zeige Nele und Tessa, wie man richtig aufsitzt“, rief Martina.

Benny schritt mit Rabauke zu ihr hin und wollte gerade seinen linken Fuß in den Steigbügel stecken, als Martina fragte: „Wo ist denn deine Reitkappe? Du weißt doch, dass du niemals ohne Kappe reiten sollst!“

„Upps, hab ich vergessen“, stotterte Benny.

„Na, dann schnell, hol sie dir.“

Benny spurtete in seinen Stiefeln wankend über die sandigen Unebenheiten des Reitplatzes, um seine Kappe zu holen. In der Zwischenzeit hielt Martina beide Ponys an den Zügeln fest. Völlig außer Puste, aber mit Reitkappe auf seinem Kopf, kam Benny zurück und übernahm schnaufend das Pony.

In seiner linken Hand hielt er die Zügel und verschaffte sich dabei am vorderen Sattelrand zusätzlichen Halt. Seinen linken Fuß steckte er in den Steigbügel, zog sich ein wenig am Sattel hoch und hob sein rechtes Bein schwungvoll über den hinteren Sattelrand und über die Hinterhand des Ponys, sodass er weich im Sattel landete.

Benny grinste wie ein Honigkuchenpferd und sprach:

„Total easy.“

Die Longe hatte er zuvor abgemacht und saß nun strahlend auf Rabauke.

„Du kannst ihn jetzt ein bisschen reiten. Erst leichttraben, dann Übergänge zwischen Schritt und Trab, aber bitte auf dem oberen Zirkel“, lauteten die Kommandos der Reitlehrerin.

Martina drehte sich um zu Familie Berger, die noch immer wie ein vierblättriges Kleeblatt auf der Bank saß.

„Wer möchte zuerst?“, fragte Martina und blickte auffordernd zu den Zwillingen. Tessa hob zaghaft ihren Arm und sagte leise: „Ich.“

„Schön, dann komm bitte zu mir in die Mitte des Zirkels. Hast du gut aufgepasst, wie Benny es gemacht hat?“

Tessa nickte nervös, während sie zögernd den Reitplatz betrat und zu Martina und Rocky ging.

„Du brauchst keine Angst zu haben, Rocky ist ganz brav.“

In perfekter Reitmontur fasste Tessa die Zügel in die linke Hand, nahm etwas Schwung, stülpte ihr rechtes Bein über den Sattel und ehe sie sich versah, saß sie auf dem Rücken des Haflingerponys.

„Cool“, rief sie begeistert, „echt cool.“

Martina erklärte ihr, wie man richtig im Sattel sitzt und als Rocky sich im Schritt an der Longe vorwärts bewegte, rief Martina:

„Tessa, ganz locker sitzen, den Oberkörper aufrichten und in der Bewegung des Ponys mitschwingen. Dabei die Hände zu einer Faust aufrecht hinstellen und ruhig halten. Den Absatz leicht durchdrücken, er sollte der tiefste Punkt des Reiters sein.“

Dass sie so viele Sachen gleichzeitig machen sollte, schien für Tessa unmöglich. Sie war ganz damit beschäftigt, sich in der Balance zu halten und nicht herunterzufallen.

„Super, Tessi“, rief Nele begeistert und Celine drückte entzückt auf den Auslöser der Kamera.

„Du machst das ganz toll“, lobte Martina. „Ich glaube, du hast heimlich geübt, was?“ Tessa schüttelte lachend den Kopf.

„Nein, ich sitze das erste Mal im Leben auf einem Pony.“

Nachdem sie einige Runden im Schritt rechts herum geritten war, folgte das Gleiche links herum. Tessa wurde immer sicherer und mutiger.

„Du machst das wirklich sehr gut, Tessa“, meinte Martina. „Möchtest du traben?“ Tessa nickte.

„Halte dich am besten mit einer Hand an der Mähne des Ponys fest.“

„Okay.“

Dann rief Martina: „Im Arbeitstempo Trab“, und Rocky trabte brav im Kreis.

„Hui, das macht Spaß“, rief Tessa und hielt sich wacker im Sattel.

Es folgten wieder einige Runden im Schritt und als Tessa nach einer Viertelstunde mit leicht wackligen Beinen abgestiegen war, klopfte sie überglücklich den Hals des Ponys.

„Nele, du bist dran“, forderte Martina Nele auf.

Nele machte ihre Sache genauso gut wie ihre Zwillingsschwester. Nach anfänglicher Zaghaftigkeit und einer kurzen Eingewöhnungsphase saß sie ebenso sicher im Sattel und ritt im Trab Runde um Runde.

Nele war total happy, so toll hatte sie es sich nicht vorgestellt. Das Herzklopfen, das sie noch beim Aufsteigen wahrgenommen hatte, war nun völlig verflogen.

Es war einfach nur ein tolles Gefühl zu reiten.

Als die Stunde endete, bedauerten Nele und Tessa beide, dass es vorbei war. Doch da beide Ponys leicht verschwitzt waren, konnten sie Rocky und Rabauke so nicht zurück in die Boxen stellen. Das Risiko, dass sie sich erkälten könnten, war einfach zu groß.

„Wenn ihr Lust habt, könnt ihr die Ponys noch etwas trocken reiten."

„Au ja, super", schrien die Mädchen begeistert.

Benny saß noch immer auf Rabauke und er hatte ihn gut geritten. Dafür bekam er ein dickes Lob von Martina, das er hocherfreut entgegennahm.

Flink sprang er vom Pony herunter und rief Tessa zu:

„Komm, setz dich drauf."

Gesagt, getan. Nun saßen Nele und Tessa jeweils auf einem Haflingerpony.

Klick, klick, klick, Celine hielt diesen schönen Moment wieder mit der Kamera fest. Sebastian strahlte über das ganze Gesicht und beobachtete stolz seine beiden Töchter.

„Herr Berger, Frau Berger, nehmen Sie doch bitte auf unserer Terrasse Platz und trinken Sie zur Erfrischung einen Bitter Lemon, oder vielleicht ist Ihnen ein Milchkaffee lieber?", schlug Martina vor.

„Ja gerne, das machen wir", sagte Sebastian dankend.

„Nele und Tessa reiten die Ponys noch eine Weile trocken. Dafür eignen sich das angrenzende Pinienwäldchen und der Strand, wo immer eine leichte Brise Wind weht, besonders gut. Machen Sie sich keine Sorgen, wir führen die Ponys, es wird alles gut gehen."

Tessa und Nele schwelgten im Glück, als Benny und Martina die Ponys durch ein enges Tor führten und auf den schmalen Waldweg zusteuerten.

Voller Stolz und Zufriedenheit saßen die Zwillinge auf den Ponys und freuten sich über jede Minute, die sie länger reiten durften.

Im Wäldchen war es angenehm schattig und die Ponys schnaubten ein ums andere Mal.

„Das ist ein gutes Zeichen, jetzt fühlen sich die Ponys wohl und sind zufrieden“, erklärte Martina. Der Weg wurde nun so schmal, dass sie hintereinander reiten mussten.

Vorne führte Martina Nele auf Rocky, dahinter folgte Benny, der Tessa auf Rabauke am Zügel führte. Jetzt bogen sie links in einen sehr schmalen Trampelpfad ein.

„Passt auf, dass euch die Äste nicht im Gesicht verletzen“, mahnte Martina. „Dürfen wir hier überhaupt reiten?“, erkundigte sich Nele.

„Der Wald gehört zum Haus der jungen Herzen und wir reiten die Ponys hier im Schritt täglich trocken. Also dürfen wir das“, bestätigte Martina.

„Wartet ab, bis ihr erst den Strand seht…

Nach wenigen Minuten stockte den Zwillingen der Atem. Den Wald hatten sie hinter sich gelassen und vor ihnen sahen sie, soweit das Auge reichte, Sand, türkisfarbenes Meer und blauen Himmel mit kleinen Schäfchenwolken.

„Hab ich zu viel versprochen?“, erkundigte sich Martina fröhlich.

„Ist das schööööön“, schwärmte Nele.

„Traumhaft“, rief Tessa von hinten.

Martina und Benny stapften durch den trockenen, tiefen Sand, dabei hielten sie wie versprochen die Zügel der Ponys fest. Das gab Nele und Tessa zusätzliche Sicherheit.

Bei den Wogen des Wassers, die an den Strand herangespült wurden, dort wo der Sand nass und schwer war, konnten die Mädchen wieder nebeneinander reiten. Sie spürten den Wind in ihren Gesichtern und einige Haarsträhnen hatten sich unter ihren Reithelmen gelöst. Sie unterhielten sich so angeregt, dass sie gar nicht bemerkten, dass Martina und Benny die Ponys nun losgelassen hatten. Die Zwillinge ritten jetzt ganz alleine am Strand entlang, atmeten tief die frische Meeresluft ein und beobachteten die schreienden, weißen Möwen, die hoch über ihnen flogen. Nele und Tessa fühlten sich unendlich frei.

Als sie sich umschauten, blickten sie auf die im Sand hinterlassenen Hufspuren der Ponys, über die im selben Moment die heranströmenden Wellen des Wassers schwappten und den Sand allmählich wieder glätteten.

Nele und Tessa befanden sich in einem wahren Freudentaumel. Es war ein wunderschönes, irres Gefühl, auf den Ponys am Strand entlangzureiten. Den heutigen Tag würden sie in ihrem ganzen Leben niemals vergessen, das war den Mädchen in diesem Augenblick sonnenklar.

Sie vernahmen das Geschrei vieler Kinder. Martina und Benny nahmen wieder die Zügel in die Hand und führten die Ponys leicht links herüber, wo man jetzt das Haus der jungen Herzen gut sehen konnte.

„Die Ponys kennen den Heimweg genau, man nennt das ‚Stalldrang'“, erklärte Martina, als sie durch den Sand schritten und anschließend durch das enge Tor wieder die Pferdeställe erreichten.

Martina und Benny waren ihnen beim Absteigen behilflich und gaben letzte Anweisungen, wie die Ponys nach einem Ausritt versorgt werden sollten. Zur Belohnung durften Nele und Tessa jedem Pony einen halben

Eimer Möhren in den Futtertrog schütten. Sie streichelten Rocky und Rabauke zärtlich und bedankten sich tausendmal bei Martina für die tolle Reitstunde.

Eiligst schnappten sie ihre Kuscheltiere von der Futterkiste, ihre Putzkoffer und rannten zu ihren Eltern.

„Mama, Papa, heute ist der schönste Tag in unserem Leben, einfach mega-mega-geil", triumphierten die glücklichen Mädchen. Martina und Benny folgten ihnen auf die Terrasse und holten kühle Getränke.

„Dürfen wir morgen nochmal reiten?", fragte Tessa keck.

„Morgen ist unser lang geplanter Jahresausflug, wo alle Kinder des Hauses der jungen Herzen mitfahren. Vielleicht können wir es in einigen Tagen nochmal wiederholen", stellte Martina in Aussicht.

„Au ja, super, das wäre voll krass", riefen die Zwillinge begeistert, während Schwester Benedicta mit einem Tablett die Terrasse betrat und für alle eine Portion Eis spendierte.

„Hm lecker …" Ein erlebnisreicher Vormittag ging leider viel zu schnell zu Ende.

## Eine besorgniserregende E-Mail und ganz viel Zoff

Am nächsten Morgen veränderte sich die Wetterlage. Der Campingplatz lag unter einer dichten, geschlossenen Wolkendecke. Der an schönen Sommertagen mit bunten Handtüchern und Sonnenschirmen übersäte Badestrand blieb heute menschenleer.

Die Urlauber hatten sich in ihre Wohnwagen oder Mobilheime zurückgezogen.

Nele und Tessa waren in keiner guten Stimmung. Ständig schauten sie aus einem der kleinen Mobilheimfenster in den tristen, wolkenverhangenen, grauen Himmel, bis dieser schließlich seine Schleusen öffnete und starker Regen einsetzte.

„Verflixt noch mal", seufzte Nele, „heute ist ein Tag, an dem man keinen Hund auf die Straße jagen würde. Benny und die anderen Kinder haben wettermäßig einen ganz unglücklichen Ausflugstag erwischt."

„Wir sitzen wenigstens im Trockenen", versuchte Celine der Situation etwas Positives abzugewinnen.

„Kacklangweilig", stellte Tessa nüchtern fest.

„Was haltet ihr davon, wenn wir die gestrigen Fotos von der Digitalkamera auf den Laptop herunterladen? Dann könnten wir sie uns in einer Diashow ansehen", schlug Sebastian vor.

„Au ja, Papa, super Idee", riefen die Zwillinge begeistert.

„Ich benötige aber noch ein paar Minuten, um meine Geschäfts-E-Mails zu checken."

„Okay, Paps, wir warten."

Nach einer Weile runzelte Sebastian bedenklich die Stirn.

Nachdem er sein Passwort eingegeben und das Postfach geöffnet hatte, blickte er besorgt auf eine der vielen elektronischen Mails, bei der unter Betreff „*Das ist ein Hilferuf*" stand.

Die Mail kam von Herrn Krause, Julias Vater aus Bad Rankershausen. Mit einem Doppelklick öffnete er die

Nachricht und gab Celine einen Wink, dass sie zu ihm kommen und die E-Mail lesen sollte.

Auch die Zwillinge hatten bemerkt, dass etwas nicht in Ordnung war und fragten neugierig: „Warum tut ihr so geheimnisvoll, ist etwas passiert?“ Beide Mädchen drängten sich vor den Laptop, um die Neuigkeit in Erfahrung zu bringen. Dann lasen sie gemeinsam die E-Mail:

*Hallo Tessi, hallo Nele!*
*Wir brauchen dringend eure Hilfe! Mozart ist total durchgeknallt und hat Opa Hansen gegen die Wand gedrückt. Der hat seine Schulter gebrochen, ist schon operiert und trägt eine Schiene. Mozart soll so schnell wie möglich verkauft werden.*
*Alle Kinder helfen jetzt auf dem Hof, da Erntezeit ist. Könnt ihr nicht nach Hause kommen und versuchen, mit eurer Geigenmusik Mozart zu besänftigen?*
*Am besten so schnell wie möglich, sonst werdet ihr ihn nie mehr wiedersehen.*
*Hoffentlich bis ganz, ganz, ganz bald.*
*Eure Julia*

Es herrschte stummes Entsetzen! Die Kinder brauchten einen Moment, um zu realisieren, was da stand. Julia hatte vom Computer ihres Vaters diesen ‚Hilferuf‘ an die E-Mail-Adresse von Herrn Berger geschickt, um auf Mozarts aussichtslose Lage aufmerksam zu machen.

„Wir müssen nach Hause, sofort“, rief Tessa, nachdem sie die E-Mail zweimal gelesen hatte.

„Was, bei dir piept es wohl? Das ist unser Jahresurlaub, den wir uns redlich verdient haben“, stellte Sebastian klar.

„Das ist mir völlig egal, Papa, ich möchte so schnell wie möglich nach Hause, um Mozart zu helfen“, schrie Tessa ungehalten.

„Ich möchte auch nach Hause“, unterstützte Nele ihre Zwillingsschwester.

„Also hört mal, so einfach geht das nicht.“ Celine mischte sich ein.

„Falls Mozart tatsächlich bösartig ist, wäre es doch das Beste, ihn zu verkaufen, ehe noch ein weiteres Unglück geschieht.“

„Er IST NICHT bösartig; ich war in seiner Box, er hat aus meiner Hand eine Möhre gefressen. Ich konnte ihn sogar streicheln. Nele, bitte sag, dass das die Wahrheit ist.“

Nele nickte. „Ja, er mag uns, besonders Tessa, und als wir Geige gespielt haben, hat er uns richtig zugehört.“

„So ein Blödsinn“, klang es barsch aus Sebastians Mund. „Sollen wir etwa zusehen, wie er euch ebenfalls an die Wand drückt? Mir scheint, ihr habt den Ernst der Lage gar nicht verstanden.“

„Haben wir wohl“, rief Tessa erzürnt. „Aber wir möchten ihn retten, Papa, hörst du? Nele und ich können ihn retten, mit Musik. Benny meint das übrigens auch. Bitte lasst uns nach Hause fliegen, bitte.“

„Schluss, aus, Ende jeglicher Diskussion!“, Sebastian schlug verärgert mit der flachen Hand auf den runden Glastisch. „Wir bleiben!“

Daraufhin brachen beide Mädchen in Tränen aus.

„Mama“, schluchzte Nele, können wir nicht doch …“

„Ich möchte kein Wort mehr hören“, fügte Celine unmissverständlich hinzu.

Die Zwillinge rannten verzweifelt in ihr Kinderzimmer und schlugen die Türe hinter sich zu, dass es nur so krachte. Weinend warfen sie sich auf die Betten.

„Was für ein Scheiß-Tag, aber das können die mit mir nicht machen, mit mir nicht", schrie Tessa wütend.

„Was hast du denn vor?"

„Ich hau ab, ganz einfach. Kommst du mit?"

„Tessa, du hast einen Knall. Wir sind in Südfrankreich, wie willst du denn nach Hause kommen? Noch dazu ohne Geld?"

Tessa zuckte die Schultern.

„Keine Ahnung, vielleicht mit dem Zug, oder ich trampe."

„Bist du verrückt?", fragte Nele entsetzt.

„Hätte ich mir gleich denken können, dass du Schiss hast", giftete Tessa ihre Schwester an.

„Tessa bleib, bitte bleib hier", flehte Nele.

Doch Tessa stand auf, öffnete die Türe des Kleiderschranks, holte ihre Sporttasche hervor und fing an zu packen …

Unterdessen saßen Celine und Sebastian im Wohnzimmer und schauten sich schweigend an.

„Sebastian, ich bin mir nicht sicher, ob unser Verhalten richtig ist", brach Celine die Stille.

„Ach nein, jetzt fängst du auch noch an", rief Sebastian erregt. „Fall mir nur in den Rücken. Bei drei weiblichen Geschöpfen habe ich ja nicht einmal den Hauch einer Chance, mich durchzusetzen ..."

„Ich weiß doch auch nicht, was wir machen sollen. Fakt ist, wir haben unsere Mädchen zu lebhaften, offenherzigen Kindern erzogen, die ein großes Gespür für Gerechtigkeit und Hilfsbereitschaft haben. In der Grundschule hat man sie für ihr Sozialverhalten immer gelobt, erinnerst du dich?“

„Mein Gott, Celine, das ist hier eine ganz andere Situation …“

Plötzlich stand Nele im Wohnzimmer. Über ihr Gesicht kullerten dicke Tränen.

„Tessa packt ihre Sachen, sie will nach Hause trampen“, berichtete sie mit weinerlicher Stimme.

Celine und Sebastian schauten sich entsetzt an. Sebastian ging zur Garderobe, riss seine dunkelgrüne Wachsjacke vom Haken und zog sie über. Schweigend verließ er das Mobilheim und donnerte die Türe hinter sich zu.

Celine beobachtet ihren Mann vom Fenster aus. Er hatte zum Schutz gegen den niederprasselnden Regen Zuflucht unter dem großen, dicht neben dem Mobilheim wachsenden Pinienbaum gesucht. Nachdenklich ging er darunter hin und her, dabei atmete er tief die feuchte Sommerluft ein. Obwohl an seiner Wachsjacke eine abtrennbare Kapuze befestigt war, hatte er es vorgezogen, nur den Kragen der Jacke hochzuschlagen. Seine leicht gewellten, blonden Haare wurden von Minute zu Minute nasser, doch er schien es nicht zu spüren. Er schäumte vor Wut.

Etwas später griff er in die Hosentasche, holte sein Smartphone hervor und wählte eine Nummer. Das Gespräch dauerte nur ein paar Minuten. Sein Brustkorb wölbte sich erneut, als er abermals tief ein- und wieder ausatmete. Mit großen Schritten über die sich rasch gebildeten Regenpfützen eilte er zurück zum Mobilheim.

Als er eintrat, stand Celine mit einer heißen Tasse Kaffee in der Küche und schaute ihn erwartungsvoll an.

Doch Sebastian ließ seine Frau wortlos stehen und ging zu Nele und Tessa ins Kinderzimmer.

Die Mädchen erschraken, als ihr Vater, ohne anzuklopfen, in ihr Zimmer platzte. Er ließ die Türe hinter sich einen Spalt offen und stellte sich mit verschränkten Armen vor Tessa und Nele in Position. Ernst lag in seiner durchdringenden Stimme, als er sagte:

„Ich habe soeben mit dem Flughafen telefoniert und umgebucht. Morgen früh um 7.45 Uhr geht unsere Maschine, wir fliegen nach Hause!"

Es folgte der entfesselte Jubel der Mädchen. Die Zwillinge flogen Sebastian glücklich an den Hals, überschäumend vor Freude.

„Hurra, danke Papa, du bist der beste Vater der Welt."

„Moment, ihr habt meine Bedingungen noch nicht akzeptiert."

„Welche Bedingungen?", fragten die Mädchen.

„Nun, erstens möchte ich ab heute unter jeder Klassenarbeit ein ‚sehr gut', oder zumindest ein ‚gut' sehen."

Die Zwillinge schauten sich leicht zweifelnd an, ehe sie schließlich meinten: „Okay, das schaffen wir."

„Zweitens übt ihr ab morgen täglich eine Stunde auf euren Geigen. Dabei ist es mir völlig schnuppe, ob ihr auf dem Ponyhof, zu Hause oder auf dem Mond spielt." Die Kinder nickten fröhlich.

„Und drittens behalte ich mir vor, dass wir, wenn es mit diesem verrückten Mozart zu gefährlich werden sollte, die Musiktherapie jederzeit, ohne zu murren, abbrechen, okay?"

„Okay Papa, wir sind einverstanden. Super, einfach nur geil, wir fliegen nach Hause, zu Mozart und dann werden wir ihn retten."

Dessen waren sich die Mädchen ganz sicher.

Celine hatte hinter der Tür stehend alles mit angehört. Nun trat sie ein, umarmte ihren Mann und sagte mit ihrem niedlichen, französischen Akzent:

„Das ist *der* Sebastian, den ich von ganzem Herzen liebe."

Sie küssten sich innig und Nele und Tessa schlugen wie nach einem siegreichen Spiel ihre Handflächen gegeneinander, dass es nur so klatschte.

Am Abend packten Celine und Sebastian die Koffer. Alle Sachen, die sie erst vor wenigen Tagen ausgeräumt hatten, mussten wieder sorgfältig in den Kombi verstaut werden. Die Sporttaschen der Mädchen sowie einige Spiele, die sie von zu Hause gegen eine eventuell aufkommende Langeweile mitgebracht hatten, standen im winzigen Flur zwischen Küche und Badezimmer zum Abtransport bereit.

Man einigte sich darauf, früh schlafen zu gehen, da die Familie am nächsten Morgen um 5.15 Uhr aufstehen musste, um pünktlich am Flughafen zu sein.

„Hast du den Wärter des Campingplatzes informiert, dass wir bereits morgen früh abreisen?", fragte Celine, während sie das Mobiliar, wie jedes Jahr kurz vor der Abreise, wieder mit den weißen Laken verhüllte.

„Ja, er weiß Bescheid. Er hat mir mitgeteilt, dass drei weitere Familien morgen verfrüht abreisen, da die Wetterprognosen für die kommenden Tage äußerst mies sind."

„Das tröstet mich ein wenig zu wissen, dass wir nicht die nächsten vier, fünf Tage auf engstem Raum miteinander auskommen und die schlechte Laune der Mädchen ertragen müssen", seufzte Celine. „Zu Hause haben wir doch ganz andere Möglichkeiten."

„Vielleicht müssen wir ja mit den Kindern die nächsten Nächte im Heu schlafen?“, grinste Sebastian.

„Ohne mich.“ Celine schüttelte heftig ihren Kopf. „Das ist der Punkt, wo ich definitiv streike.“

Nele und Tessa schliefen sehr unruhig. Besonders Tessa wurde von wirren Träumen heimgesucht, in denen Benny von einem siebenfüßigen Monster verfolgt wurde. Mitten in der Nacht erwachte sie und war wie in Schweiß gebadet. Erst ganz langsam konnte sie ihre Gedanken wieder sortieren.

Verdammt – Benny. Sie hatten vergessen, ihm mitzuteilen, dass sie morgen früh abreisen würden. So ein Mist. Tessa knipste die kleine Nachttischlampe an, stand auf und rüttelte sanft an Neles Arm. Während sie sich flink anzog, flüsterte sie: „Wach auf, Nele, wir müssen Benny informieren, dass wir morgen nach Hause fliegen.“

„Spinnst du, es ist tiefste Nacht“, antwortete Nele verschlafen. „Wir können ihn doch von zu Hause aus anrufen.“

„Kommt nicht infrage, los, steh auf! Wir schreiben ihm einen kurzen Brief und bringen diesen zum Haus der jungen Herzen.“

„Was, jetzt?“

„Wenn nicht jetzt, wann dann?“

Tessa legte ihren rechten Zeigefinger auf ihre Lippen und sagte: „Pst, sei leise, damit Mama und Papa nicht aufwachen.“

Während Nele zögernd ihre Klamotten anzog, durchwühlte Tessa eifrig ihren Rucksack. Sie suchte einen Zettel, ein Stück Papier oder etwas Ähnliches.

„Nele, hast du ein Stück Papier?“

„Nee, nur ein Papiertaschentuch.“

„Gib her!“

Nele reichte ihrer Schwester das schneeweiße Taschentuch. Tessa faltete es auseinander, nahm einen blauen Filzstift und schrieb darauf:

*Lieber Benny!*
*Leider müssen wir Hals über Kopf abreisen, um Mozart zu retten. Ansonsten wird er verkauft und das können wir nicht zulassen.*
*Hier ist Papas E-Mail Adresse: arch-berger@xyz.de*
*Bitte maile uns bald.*
*Viele Grüße an Schwester Benedicta, an Martina und die anderen Kinder.*
*Nicht böse sein, wir werden uns bestimmt wiedersehen.*
*Nele und Tessa* ☺ ☺

„Los komm, lass uns gehen“, drängte Tessa, während sie das beschriebene Taschentuch in ihre Hosentasche steckte.

„Wir werden einen Mordsärger bekommen, wenn wir erwischt werden, das sage ich dir.“

„Nele, quatsch nicht, komm lieber.“

Hastig schnappten sie sich zwei Strickjacken und zogen sie über.

Dann schlichen sie leise bis zur Küche. Tessa öffnete behutsam die leicht quietschende Tür des Küchenschranks. Sie wusste, dass dort eine Taschenlampe stand. Da sie aber kein Licht anmachen wollte, dauerte es einen Moment, bis sie die Taschenlampe gefunden hatte. Mittlerweile hatten sich ihre Augen an die Dunkelheit gewöhnt. Leise öffneten sie die Türe des Mobilheims und schlichen hinaus in die dunkle Nacht.

Ein ungutes Gefühl beschlich die Kinder, als sie durch den nassen Sand des Badestrandes in Richtung Pinienwald stapften. Zwar hatte es aufgehört zu regnen, doch ein kühler Nachtwind blies ihnen ins Gesicht, während sie auf den Waldrand zuliefen.

„Sollen wir tatsächlich durch den dunklen Wald gehen?“, fragte Nele ängstlich.

„Du brauchst dich nicht zu fürchten, ich bin doch bei dir“, versuchte Tessa, ihre Schwester zu ermutigen.

„Komm gib mir deine Hand.“

In den letzten Tagen waren sie diesen Weg mehrmals gegangen, doch jetzt, in der Stille der Nacht, hatte er etwas Bedrohliches an sich.

In der Ferne hörten sie den Schrei eines Uhus. Nele fuhr erschrocken zusammen. Sie zitterte am ganzen Körper.

„Nele, reiß dich zusammen, es wird schon nichts passieren.“

Unter dem Schein der Taschenlampe gingen sie immer tiefer in den Wald hinein, Hand in Hand.

Der Waldweg war durch den Regen der letzten Stunden modrig aufgeweicht und hin und wieder stolperten die Mädchen über morsche Äste und freiliegende Baumwurzeln, die sich auf dem Weg befanden.

„Gleich haben wir es geschafft. Dann sind wir am Haus der jungen Herzen“, sprach Tessa.

„Wie sollen wir denn auf das Gelände kommen?“, wollte Nele wissen.

„Ich hoffe, dass das seitliche Tor, durch das wir mit Rocky und Rabauke geritten sind, offen ist.“

Tatsächlich, als sie unter dem schwachen Schein des abnehmenden Mondlichtes die Türklinke herunterdrückten, ließ sich das Tor kinderleicht öffnen. Ihr Weg führte sie direkt an den Pferdeboxen vorbei. Mit einem hellen Wiehern wurden sie von den Ponys begrüßt, die sie schon von Weitem gewittert hatten. Neugierig steckten sie ihre hübschen Haflingerköpfe durch das geöffnete Stallfenster.

„Verflixt, hoffentlich hat das keiner gehört", jammerte Tessa.

Sie gingen weiter bis zur Terrasse. Wenn sie sich recht erinnerten, musste Bennys Fenster direkt über der Terrasse liegen. Im Lichtstrahl der Taschenlampe suchten sie im Blumenbeet neben dem Swimmingpool nach kleinen Steinchen. Diese warfen sie abwechselnd nach oben gegen das Fenster, hinter welchem sie Benny vermuteten.

„Hoffentlich schläft in dem Zimmer nicht Schwester Benedicta!", meinte Nele besorgt.

„Ach du lieber Himmel, das wäre ja eine Katastrophe und megapeinlich."

Nach einigen Minuten wurde das leicht knarrende Fenster von innen geöffnet, und sie schauten in Bennys verschlafenes Gesicht.

„Hi Benny, wir sind es, Nele und Tessa", flüsterte Tessa.

„Ich glaub, mich laust der Affe, was macht ihr denn hier?"

„Wir wollen uns verabschieden, wir fliegen morgen früh nach Hause." – „Macht kein' Blödsinn, wieso das denn?"

„Steht alles hier drauf."

Tessa wedelte mit dem beschriebenen Papiertaschentuch.

„Wir legen es unter den Übertopf, in dem der kleine Buchsbaum eingepflanzt ist, hörst du?"

„Okay, die Türen sind verschlossen, aber morgen früh werde ich es sofort holen und lesen“, versprach Benny.

„Tschüss, wir müssen schleunigst zurück.“

Die Mädchen winkten dem verblüfften Benny ein letztes Mal zu und verschwanden so schnell und leise, wie sie gekommen waren.

Der Strahl der Taschenlampe wurde nun immer schwächer.

„Ich glaube, die Batterien sind gleich leer“, stellte Tessa nervös fest. Die Herzen klopften ihnen bis zum Hals.

Würde die Taschenlampe durchhalten, bis sie das Mobilheim erreichten?

Sie gingen zügig an den Ponys vorbei und flüsterten:

„Tschüss, ihr Süßen“, dann zogen sie das Tor, durch das sie erst vor wenigen Minuten gekommen waren, hinter sich zu und huschten in den Wald hinein.

Da, ein letztes Flackern des Lichtes, dann war nur noch stockfinstere Dunkelheit um sie herum. Mist, die Batterien waren tatsächlich leer. Auch der Mond war hinter einer Wolkendecke verschwunden.

Es raschelte, Äste knackten. War da jemand? Vielleicht ein Tier? Ein Reh, ein Fuchs, ein Hase? Schwer atmend vor Angst gingen die Mädchen Hand in Hand durch den dunklen Wald. Da, schon wieder vernahmen sie ein seltsames Geräusch. Jemand war in der Nähe, das spürten sie.

Plötzlich schauten sie in ein blendend grelles Licht einer Taschenlampe.

Nele stieß einen schrillen Schrei aus und wollte gerade weglaufen, als eine vertraute Stimme rief: „Ihr seid wohl von allen guten Geistern verlassen, was?“

„Papa …“, klang es erleichtert aus zwei Kehlen.

„Verdammt noch mal, wie könnt ihr denn nachts alleine durch den Wald laufen? Wisst ihr nicht, was dabei passieren kann? Ich bin stocksauer auf euch, und Mama auch.“

„Wir wollten uns doch nur von Benny verabschieden und ihn informieren, dass wir morgen abreisen“, druckste Tessa herum.

„Haltet den Mund“, schimpfte Sebastian.

Es hatte wieder zu nieseln begonnen, als Sebastian und die Mädchen das Mobilheim erreichten. Als sie eintraten, kam Celine ihnen entgegengelaufen.

„Ich weiß nicht, was auf einmal in euch gefahren ist“, machte sie ihrem Unmut Luft.

Nele und Tessa bemerkten, dass sie aus Sorge geweint hatte.

„Mama, wir …“

„Ab mit euch ins Bett“, befahl Sebastian. „Ihr braucht eure Pyjamas gar nicht mehr anzuziehen, in zwei Stunden müssen wir eh wieder aufstehen. Und über euren nächtlichen Streifzug unterhalten wir uns noch.“

Während der sommerliche Morgentau noch über der verschlafenen, schönen Bucht lag, fuhr Familie Berger zunächst die Küstenstraße der Côte d’Azur entlang, um kurz vor der Stadt Cannes auf die Autobahn A8 zu wechseln, die direkt zum Flughafen Nizza führte. Die Fahrt verlief äußerst wortkarg, die ganze Atmosphäre war frostig.

Nele und Tessa wussten, dass sie in der vergangenen Nacht den Bogen überspannt hatten und vermieden es, ihren Eltern in die Augen zu schauen.

Als sie am Flughafengebäude den Mietwagen der zuständigen Autovermietung übergaben, nahmen sie teilnahmslos zur Kenntnis, dass Sebastian durch die verfrühte Rückgabe des Autos einen herben finanziellen Verlust erlitten hatte.

Auch beim Einchecken konnte man das Temperament der Zwillinge durchaus mit dem einer Schlaftablette vergleichen.

Das Schweigen wurde zu einer wahren Zerreißprobe, bis später, hoch über den Wolken, endlich der Satz ausgesprochen wurde, auf den Celine und Sebastian sehnsüchtig gewartet hatten.

„Mama, Papa, wir möchten uns entschuldigen“, stammelte Nele.

„Genau, so ganz astrein war das nicht“, fügte Tessa kleinlaut hinzu.

„Bitte versprecht uns, dass ihr so etwas nie wieder macht“, forderte Celine, und die Zwillinge nickten schuldbewusst.

„Entschuldigung angenommen“, sagte Sebastian.

Nun konnten die Mädchen wieder befreit lächeln. Und während sie die Urlaubsouvenirs aus St. Tropez, Funkelnder Stern und Leuchtender Mond, liebevoll an sich drückten, fiel ihnen ein großer Stein vom Herzen ….

## Die Rettungsaktion

Die Autofahrt vom Flughafen Düsseldorf zum Heimatort in Niedersachsen zog sich durch die unzähligen Baustellen und das hohe Verkehrsaufkommen erheblich in die Länge.

Dann endlich erblickte Familie Berger das gelbe Ortseingangsschild mit den schwarzen Buchstaben ‚Bad Rankershausen'. Etwa zweihundert Meter dahinter schmückte ein weiteres Schild mit weißer Schrift auf grünem Untergrund den mit wilden Blumen bewachsenen Straßenrand. Darauf stand:

„Herzlich willkommen im Kurort Bad Rankershausen."

Ein prächtig einladender Kornblumenstrauß war ebenfalls darauf abgebildet.

„Sollen wir zuerst nach Hause fahren oder direkt zum Ponyhof?", fragte Sebastian, der das Auto steuerte, die Zwillinge.

„Zum Ponyhof", riefen Nele und Tessa gleichzeitig.

Fast im Minutentakt schauten die Mädchen auf ihre Armbanduhren und fragten: „Papa, kannst du nicht schneller fahren?"

Doch Sebastian machte ihnen klar, dass die runden, weißen, rotumrandeten Verkehrsschilder mit den darauf abgebildeten schwarzen Zahlen Geschwindigkeitsbegrenzungen waren, an die sich jeder Autofahrer strikt zu halten hatte. Doch die Mädchen ließen nicht locker:

„Papa, kannst du den blöden LKW nicht überholen?" Minuten später rief Nele: „Gib Gas, sonst springt die Ampel auf Rot."

„Himmeldonnerwetter, jetzt ist es aber mal gut", schimpfte Sebastian.

„Wir machen uns doch nur Sorgen, dass vielleicht gerade in diesem Moment Mozart mit einem neuen Besitzer den Ponyhof verlässt. Ich habe gar kein gutes Bauchgefühl", seufzte Tessa. „Er ist bestimmt nicht mehr da."

Jetzt bog Sebastian in den schmalen Wirtschaftsweg ein, der zu Hansens Ponyhof führte und drückte so stark aufs Gaspedal, dass sich hinter dem Auto eine riesige, graue Staubwolke bildete. Mit quietschenden Reifen fuhren sie am Ponyhof vor.

Nele und Tessa trauten ihren Augen nicht. Was war das denn? Vor dem alten, im Fachwerkstil errichteten Stallgebäude parkte ein weißer Geländewagen mit einem weißen Pferdeanhänger. Auf beiden Seiten des Anhängers war eine Manege abgebildet, darüber stand in bunten Buchstaben geschrieben: „Besuchen Sie den ‚Zirkus Fantastico'."

Die Rampe des Pferdehängers war herabgelassen und die Trennwand beiseitegeschoben. Die beiden Mädchen schauten sich entgeistert an. Was hatte das zu bedeuten? Auch Celine und Sebastian stutzten und waren beim Anblick des schicken, weißen Gefährts sprachlos.

„Um Himmels willen", rief Tessa. „Der Zirkus holt doch hoffentlich nicht Mozart ab?"

Die Geschwister stürmten aus dem Auto und rannten in Richtung Stallgasse. In diesem Augenblick trat Frau Hansen aus dem Stallgebäude heraus und wollte Nele und Tessa an den Armen festhalten. Doch die Kinder rissen sich blitzartig los und entwichen somit gewandt Frau Hansens festem Griff.

„Mozart? Mozart, wo bist du?", riefen die Zwillinge aufgeregt, während sie im gesamten Stall eine bedrohliche Unruhe bei allen Tieren feststellten. Die Ponys wieherten aufgeregt durcheinander und schauten nervös in Mozarts Richtung. Als sich die Kinder seiner Box näherten, vernahmen sie lautes Gepolter und Stimmengewirr. Dann hörten sie deutlich das erbärmliche Wiehern des Schimmelponys und es war, als würde ihnen das Blut in den Adern stocken.

„Das ist jetzt nichts für euch“, rief ihnen Herr Hansen zornig entgegen. „Geht weg, hört ihr nicht? Geht weg!“

Vor Mozarts Box, unmittelbar neben Herrn Hansen, stand ein älterer Mann im dunkelgrauen Anzug.

Er trug ein weißes Hemd und eine rote Krawatte. In seiner linken Hand hielt er einen Hut, mit dem er wie irrsinnig durch die Luft wedelte. Mit der rechten Hand, in der sich ein schwarzer Gehstock befand, schlug er heftig gegen die Gitterstäbe von Mozarts Box. Dieser war total von der Rolle. Er stand auf seinen Hinterbeinen und schlug mit den Vorderhufen wild und unkontrolliert durch die Gegend.

„Das werde ich dir noch austreiben, du blöder Gaul“, schrie der Mann im Anzug und erhob drohend seinen Stock.

Jetzt erst nahmen Nele und Tessa eine weitere Person wahr, die sich im Innern der Box befand. Dabei handelte es sich um einen jüngeren rothaarigen Mann, der vor dem wütenden Mozart in Deckung gegangen war und sich unter dem Futtertrog duckte. Plötzlich warf der Mann ein Lasso über Mozarts Kopf, das sich nach einem heftigen Ruck eng um seinen Hals zusammenzog.

Wieder stieg Mozart in die Höhe. In seinen Augen stand die blanke Panik. Der Mann zog so fest am Seil, dass Mozart beinahe zu Boden stürzte.

„Lassen Sie ihn los“, schrie Tessa hysterisch, „loslassen, oder ich rufe die Polizei!“

Mittlerweile waren auch Celine und Sebastian in den Stall geeilt. Beide schlugen entsetzt die Hände vors Gesicht, als sie sahen, wie man mit Mozart umging.

Doch Herr Hansen wurde nun noch zorniger und brüllte:

„Gehen Sie und nehmen Sie die Kinder mit. Das ist jetzt kein schöner Anblick, aber ich habe leider keine andere Wahl."

„Herr Hansen, lassen Sie uns reden, bitte", rief Sebastian.

„Dazu ist es zu spät, *ich* werde das Pony kaufen", giftete der Mann im Anzug.

Mozart röchelte. Das Lasso war so fest angezogen, dass er kaum noch Luft bekam. Der fremde, rothaarige Mann in Mozarts Box griff in seine Hosentasche und holte einen etwa dreißig Zentimeter kleinen Holzstock hervor, woran ein kurzes Seil zu einer Schlinge befestigt war. Um Mozart ein Halfter anlegen zu können, ergriff er blitzschnell die hochempfindlichen Nüstern des Ponys, legte die Schlinge um diese, und drehte den Holzstock mehrfach in eine Richtung. Damit übte er einen äußerst schmerzhaften Druck auf Mozarts Nase aus, sodass diese förmlich eingequetscht wurde.

Mozart stöhnte vor Schmerzen. Für die Zwillinge war es der quälendste Anblick in ihrem ganzen bisherigen Leben.

Tessa konnte sich nicht mehr beherrschen, denn das war kein Kampf mit fairen Mitteln. Mutig stürmte sie in die Box, trat diesem widerlichen Mann volle Kanne gegen das Schienbein und biss gleichzeitig in die Hand, in der er das Knebelwerkzeug hielt.

Dieser schrie laut auf vor Schmerzen und rief:

„Du freches, kleines Biest." Dabei betrachtete er entsetzt seine blutende Hand.

„Sie blöder Kerl“, konterte Tessa. „Lassen Sie sofort Mozart in Ruhe.“

In dieser Sekunde schoss wie aus dem Nichts Schnübi, Hansens Jack Russell Terrier in die Box und zerrte energisch an der Hose des Mannes und fügte ihm bei dieser Attacke eine weitere Bisswunde am Bein zu.

Der Fremde taumelte, er war leichenblass geworden und verließ samt Lasso und Foltergerät eiligst die Box. Auf der Stallgasse schrien sich die drei Männer wütend an, während Neles und Tessas Aufmerksamkeit nur noch Mozart galt.

Sie wussten, dass sowohl bei Menschen als auch bei Tieren die Augen das Fenster zur Seele waren, und in Mozarts angstvollem Blick lag unwiderruflich eine Mischung aus „Bitte beschütze mich“ und „Rühr mich nicht an“.

Nele und Tessa kämpften mit den Tränen und in diesem Augenblick wussten sie, dass sie alles dafür tun würden, um diese verstörte Seele ins Gleichgewicht zu bringen.

Celine versuchte unterdessen, die erhitzten Gemüter zu besänftigen. Geschickt drängte sie die erzürnten Männer aus dem Stalltrakt und bat sie, draußen auf der Holzbank Platz zu nehmen.

„Lassen Sie uns doch bitte wie erwachsene Menschen miteinander umgehen“, schlug sie in ruhigem Tonfall vor.

Doch bei Herrn Hansen lagen die Nerven blank. Er nahm seinen Hut vom Kopf und tupfte mit einem grünweiß gestreiften Taschentuch die Schweißperlen von seiner glänzenden, nassen Stirn. Dann öffnete er die drei obersten Knöpfe seines grünen Arbeitshemdes und deutete mit der linken Hand auf ein panzerartiges Karbongestell, das er zum Schutz seiner operierten, rechten Schulter unter dem Hemd trug.

„Ich habe wirklich keine andere Wahl", sagte er zu seiner Verteidigung. „Schließlich führe ich mit meiner Frau den Ponyhof. Er ist unsere Existenz, und für ein verhaltensgestörtes, aggressives Pony haben wir einfach keinen Platz und auch keine Zeit. Außerdem ist die Gefahr, von Mozart erneut verletzt zu werden, viel zu groß. Deshalb muss ich das Pony in professionelle Hände verkaufen."

Der feine Pinkel im Anzug nickte und lächelte ironisch.

Aus seinem Jackett holte er eine schwarze Lederbrieftasche zum Vorschein. Als er sie öffnete, quoll ein dickes Bündel mit unterschiedlichen Geldscheinen daraus hervor.

„Erledigen wir doch erst einmal das Finanzielle. Morgen komme ich mit mehreren meiner Leute und hole das Pony ab, okay?"

Er entnahm sechs grüne 100-Euro-Scheine und reichte diese Herrn Hansen.

„Das Pony kostet 1.000 Euro", widersprach Herr Hansen. Doch der unsympathische Mann war ein gewiefter Geschäftsmann und wollte den Kaufpreis clever nach unten drücken.

„Sie können froh sein, dass ich keine Anzeige wegen Körperverletzung erstatte und 600 Euro sind für ein schwieriges Pony mehr als genug."

Erneut reichte er Herrn Hansen das Geld.

„Stopp", rief Sebastian, der das Geschäft unbedingt verhindern wollte, „wer sind Sie überhaupt?"

„Ach, Entschuldigung, vor lauter Hektik habe ich es völlig versäumt, mich vorzustellen. Mein Name ist Felix von Wortmann, ich bin der Direktor vom Zirkus ‚Fantastico' und das ist mein Pferdepfleger Kurt Stankowski."

Er zeigte auf den Mann mit den roten Haaren, der entkräftet auf der Bank saß und seine schmerzenden Wunden betrachtete.

Frau Hansen war zwischenzeitlich ins Wohnhaus geeilt und hatte Desinfektionsspray und zwei Pflaster geholt. Sie reichte diese Celine.

„Darf ich mir die Verletzungen einmal ansehen“, bat Celine. „Mein Name ist Berger, ich bin Hautärztin.“

Der junge Mann stimmte dankbar zu. Celine versorgte die Wunden und riet ihm, in einer Praxis oder in einem Krankenhaus vorstellig zu werden, um sich eine Tetanusspritze gegen Wundstarrkrampf geben zu lassen. Doch Kurt Stankowski winkte lässig ab und meinte, dass er erst kürzlich eine Tetanusauffrischung bekommen habe.

Unterdessen suchte Sebastian erneut das Gespräch mit Herrn Hansen und dem Zirkusdirektor.

„Geben Sie mir und meiner Familie bitte zwei Monate Zeit und Gelegenheit, damit wir uns intensiv um das Pony kümmern können. Uns schwebt eine Therapie mit Geigenmusik vor, die bewirken könnte, dass das Pony umgänglicher wird. Schließlich gab es vor unserem Urlaub schon recht gute Ansätze.“

Herr von Wortmann lachte laut aus vollem Halse.

„Es tut mir wirklich leid, aber mir scheint, Sie haben nicht alle Tassen im Schrank. Sie glauben doch nicht allen Ernstes, dass Sie hier mit Gefiedele etwas bewirken können? Nein, dem Pony fehlt eine harte Hand. Wir haben da so unsere eigenen Methoden“, grinste der Zirkusdirektor und suchte den Blickkontakt zu seinem Mitarbeiter, der nickend zustimmte.

„Herr Hansen“, fragte Celine plötzlich, „was würde es kosten, wenn wir das Pony für zwei Monate versuchsweise mieten?“

Herr Hansen stutzte und kratzte sich hinter seinem Ohr, wie er es häufig tat, wenn er überlegte oder wenn etwas Wichtiges zu entscheiden war.

„Davon möchte ich Ihnen abraten“, sprach Herr Hansen.

„Wie viel?“, fragte Celine erneut.

„Nun ja, eigentlich beträgt die monatliche Stallmiete für ein Pony 250 Euro, wenn *ich* es versorge. Wegen meiner Schulterverletzung ist es mir leider zurzeit nicht möglich, Mozarts Versorgung und Pflege zu gewährleisten. Deshalb schlage ich vor, dass, wenn Sie es unbedingt möchten, Sie das Pony in diesem speziellen Fall zunächst selber versorgen sollten. Also füttern, misten usw. Sie wären praktisch Selbstversorger und das kostet im Monat 200 Euro, für zwei Monate also 400 Euro.“

„Moment, Moment, wir waren uns doch schon so gut wie einig“, rief Herr von Wortmann erbost.

„Ganz im Gegenteil, wir waren uns noch gar nicht einig. Außerdem muss ein Pferdekauf immer mit einem traditionellen Handschlag besiegelt werden“, wandte plötzlich Frau Hansen ein, die bis zu diesem Zeitpunkt noch kein Wort gesagt hatte. „Dazu ist es aber nicht gekommen und ein schriftlicher Kaufvertrag existiert ebenfalls nicht.“

Herr Hansen blickte seine Ehefrau fragend an.

„Ja, schau mich nur an! Wer seinen Jahresurlaub in Südfrankreich spontan abbricht, um einem seltsamen Pony zu helfen, der hat ein irre großes Herz. Vielleicht schaffen es ja die beiden Mädchen tatsächlich mit ihren, wie soll ich es nennen, ‚musikalischen Einflüsterungen‘, dass Mozart wieder gesund wird? Jedenfalls hat jeder Mensch im Leben eine zweite Chance verdient, warum nicht auch ein Pony?"

Celine und Sebastian schauten sich glücklich an, denn es schien, als hätten sie soeben in Frau Hansen eine Verbündete für ihr außergewöhnliches Vorhaben gefunden. Aber ihnen ging das Schicksal des Ponys nicht zuletzt auch wegen ihrer Kinder sehr zu Herzen, und alle schauten nun zu Herrn Hansen, der das letzte Wort hatte.

Er atmete tief.

„Einerseits wäre es schon schön, wenn Mozart auf unserem Hof bleiben könnte, andererseits möchte ich auf keinen Fall, dass Nele und Tessa in ein Unglück schliddern", sagte er besorgt.

„Keine Bange, so weit lassen wir es nicht kommen", versprach Sebastian. „Außerdem ist das mit unseren Töchtern so abgesprochen. Falls es zu gefährlich wird, hören wir sofort auf. Das ist die Bedingung."

Herr Hansen zögerte noch einen Moment, dann reichte er Sebastian und Celine nacheinander die Hand.

„Okay, Herr und Frau Berger. Sie haben soeben das Schimmelpony Mozart versuchsweise für zwei Monate gemietet. Dass es ein seltsames Pony ist, darüber habe ich Sie in Kenntnis gesetzt und falls etwas passieren sollte, können Sie mich nicht dafür haftbar machen, ist Ihnen das klar?"

Im Augenblick des Händedrucks bekamen Celine und Sebastian prompt die große Flatter. Was hatten sie gerade gemacht? Ein verhaltensgestörtes Pony angemietet? Waren sie noch ganz bei Trost?

„Egal, ein besonderer Fall erfordert halt besondere Maßnahmen", flüsterte Sebastian.

Celine nickte und während sie Sebastians Arm um ihre Schulter spürte, gingen sie zurück in den Stall, um Nele und Tessa, die noch immer vor Mozarts Box ausharrten, die Neuigkeit mitzuteilen.

Zirkusdirektor Felix von Wortmann und Pferdepfleger Kurt Stankowski hingegen zogen verärgert von dannen. Sie waren sauer, dass das Geschäft nicht zustande gekommen war.

„Falls der Gaul wieder mal Ärger machen sollte, brauchen Sie mich nicht mehr anzurufen. Ich habe kein Interesse mehr", schrie der Zirkusdirektor dem Ehepaar Hansen zu, während die Männer die Anhängerklappe schlossen und wütend davonfuhren.

Auf der Stallgasse herrschte großer Jubel. Nele und Tessa schwelgten in einem Rausch der Freude, als sie erfuhren, dass ihre Eltern Mozart für zwei Monate gemietet hatten. Nie im Leben hätten sie es für möglich gehalten, von Celine und Sebastian so großartig unterstützt zu werden. Nun hatten sie genügend Zeit, darüber nachzudenken, wie man Mozart am besten helfen konnte.

Mozart, dem die Aktion mit den Männern tüchtig zugesetzt hatte, stand schweißnass in seiner Box und schaute misstrauisch zu Nele und Tessa. Seine Flanken pumpten heftig, und er rang schwer atmend nach Luft.

„Hoffentlich beruhigt er sich bald wieder", sagte Tessa zu ihrer Schwester.

„Wichtig ist, dass wir jetzt, so oft es geht, an seiner Seite sind, wenn möglich auch nachts."

Das war das Stichwort für Nele, denn umgehend kam die Frage:

„Mama, Papa, dürfen wir heute Nacht hier auf der Stallgasse schlafen, vor Mozarts Box?"

„Wie bitte, wo wollt ihr schlafen?“, meinte Celine ungläubig.

„Na hier, vor Mozarts Box, in unseren Schlafsäcken, dann könnten wir ihm ein Schlummerlied auf unseren Geigen vorspielen.“

„Ich glaube nicht, dass Herr Hansen das erlauben wird. Aber fragt ihn halt mal.“

Nele und Tessa flitzten quer über den Hof hinüber zum Wohnhaus, wo Herr und Frau Hansen soeben in der Küche, zur Stärkung ihrer Nerven, einen Beruhigungstee tranken.

„Oma und Opa Hansen, dürfen wir heute Nacht vor Mozarts Box auf der Stallgasse schlafen?“

Die beiden älteren Leute waren baff. Mit einer solch ausgefallenen Idee war das Ehepaar Hansen bisher noch nie konfrontiert worden.

„Ich weiß nicht“, stammelte Herr Hansen nachdenklich. „Mozart ist noch so aufgewühlt.“

„Eben deshalb, wir wollen ihn doch beruhigen, bitte.“

„Wenn entweder euer Vater oder eure Mutter ebenfalls im Stall schläft und bei euch bleibt, ist es in Ordnung“, antwortete unterdessen Frau Hansen.

„Aber hängt das bitte nicht an die große Glocke, sonst schlafen demnächst alle, die ein Pony angemietet oder eingestallt haben, mit ihren Kindern auf der Stallgasse, und das können wir wirklich nicht dulden.“

„Super, super, megastark“, riefen die Kinder begeistert.

„Papa macht das bestimmt. Oh, das wird total spannend. Juchhuuu …, vielen Dank, Oma und Opa Hansen.“

Die Kinder umarmten das ältere Ehepaar, sodass diese ganz gerührt waren.

Draußen vernahmen sie das tuckernde Motorengeräusch eines Traktors.

Auf dem Hof fuhr ein knallroter, bulliger Traktor mit einem mit Heu beladenen Anhänger vor, der den Zwillingen wegen der enormen Größe wie ein riesiges Ungeheuer vorkam. Das Heu war in kleine, quadratische Ballen gepresst und es duftete herrlich wie auf einer frisch gemähten Wiese.

Hoch auf dem Wagen saßen Julia, Lukas und Annabell. Als sie die Zwillinge erblickten, riefen sie fröhlich:

„Hallo, seit wann seid ihr denn hier? Toll, dass ihr euren Urlaub abgebrochen habt."

Nacheinander stiegen die Kinder vom Anhänger herab, und als sie wieder festen Boden unter den Füßen hatten, umarmten sie alle herzlich das Zwillingspaar.

„Das ist mein Nachbarbauer, Andreas Terstappen. Er hilft uns bei der Heu- und Strohernte, solange ich mit der verletzten Schulter nicht arbeiten darf", erklärte Herr Hansen Nele und Tessa.

„Tach", sagten die Mädchen und amüsierten sich über das verdutzte Gesicht von Andreas, der erst realisieren musste, dass eineiige Zwillinge vor ihm standen.

„Ach Gott nee, ihr seht ja total gleich aus, ich dachte das gibt's nur im Fernsehen", scherzte der etwa dreißigjährige, hilfsbereite Nachbar ….
In den nächsten Minuten wurden die Zwillinge von den anderen Kindern umlagert. Es gab so viel zu erzählen. Zum Beispiel, dass sie in allerletzter Sekunde den Verkauf von Mozart an den Zirkus verhindert und das Pony stattdessen für zwei Monate versuchsweise angemietet hatten. Einer Musiktherapie mit ihren Geigen stand somit nichts mehr im Wege.

Lukas bekam eine Krise, als er das hörte, und er meinte:

„Keine Chance, Mozart ist voll plemplem im Oberstübchen und einfach nur ‚gaga'." Dabei deutete er an seine Stirn und machte anschließend mit der rechten Hand vor seinem Gesicht die Bewegungen eines Scheibenwischers.

Später, nachdem alle Tiere gefüttert und versorgt waren, saßen viele Kinder mit ihren Eltern draußen in gemütlicher Runde beisammen. Sie hörten interessiert zu, während Sebastian und die Zwillinge von Benny, dem Jungen mit der Mundharmonika, vom Haus der jungen Herzen und von Rocky und Rabauke berichteten. Dabei durfte der detaillierte Bericht ihrer allerersten Reitstunde mit anschließendem Strandritt natürlich nicht fehlen.

„Voll krass, ist ja irre", sprudelte es aus den aufmerksam zuhörenden Kindern heraus.

„Ihr habt echt unheimlich viel in dieser kurzen Zeit erlebt, das ist ja der Wahnsinn."

„Ja", sprach Tessa, „bis Julia uns diese kuriose E-Mail geschickt hat, danach wollten wir nur noch nach Hause."

Und während die Zwillinge stolz ihre neuen Putzkoffer und die Kuscheltiere aus St. Tropez präsentierten, ging ein ereignisreicher, herrlich schöner Sommerabend viel zu schnell dem Ende entgegen.

Celine war in der Zwischenzeit nach Hause gefahren. Sie lud das Urlaubsgepäck aus dem Auto und suchte nach den Schlafsäcken der Zwillinge. Als sie beide gefunden hatte, nahm sie diese und auch die Geigenkästen und fuhr in die Stadt. Natürlich hatten Nele und Tessa ihr längst erzählt, dass sie mit einem Elternteil auf der Stallgasse schlafen durften und Sebastian hatte sich sofort dazu bereit erklärt. Doch Celine hatte noch eine viel bessere Idee.

In einem Outdoor- und Trekking-Geschäft kaufte sie zwei Schlafsäcke für Erwachsene und eilte zurück zum Ponyhof, verriet aber noch nichts, bis alle Leute den Hof verlassen hatten.

Auf der Stallgasse herrschte nun eine angenehme Ruhe. Nur vereinzelt wieherte ein Pony. Die Tiere schnaubten und schienen rundum satt und zufrieden. Mozart hatte von seinem Hafer im Futtertrog nichts angerührt. Er blickte stur gegen die Wand und hatte allen vor seiner Box stehenden Betrachtern sein schmutziges Hinterteil zugewandt. Die heutigen Ereignisse mit den Leuten vom Zirkus hatten ihn fix und fertig gemacht.

Die Zwillinge berichteten Herrn Hansen hocherfreut, dass ihr Vater in der Nacht bei ihnen bleiben würde.

„Ja, wenn das so ist, dann werde ich euch jetzt ein gemütliches Bettchen zaubern“, grinste Herr Hansen.

Kurz darauf schleppte er zwei Strohballen heran.

„Ist das nicht zu schwer für Ihre Schulter?“, fragte Sebastian.

„Hab’ nichts dagegen, wenn Sie mitanpacken würden“, antwortete Herr Hansen.

Sebastian folgte ihm in die Scheune und beide Männer holten nacheinander zehn weitere Strohballen und stapelten sie in zwei Lagen vor Mozarts Box. Damit es noch etwas weicher wurde, holte Herr Hansen noch einen Ballen Heu, durchtrennte mit einem Klapptaschenmesser die gelbe Bindekordel und verteilte das Heu auf die Strohballen.

„So, jetzt ist es schön weich und gemütlich“, stellte er zufrieden fest.

Die Kinder waren total hibbelig, und als Celine mit vier Schlafsäcken und zwei Geigenkästen auf der Stallgasse erschien, stutzten alle und Sebastian fragte: „Bleibst du etwa über Nacht?“

„Wir sind doch eine Familie, und eine Familie sollte immer zusammenhalten, oder etwa nicht?“

Die Kinder kreischten vor Freude, denn damit hatten sie nun wirklich nicht gerechnet.

„Du bist die beste Frau und Mutter der Welt“, flüsterte Sebastian und warf Celine ein Handküsschen zu. Herr Hansen hatte es bemerkt und schmunzelte.

„Eine Bitte habe ich noch“, sprach er.

„Bitte machen Sie kein Feuer, mit Streichhölzern etwa oder einem Feuerzeug. Gerade im Hochsommer ist alles sehr leicht entzündbar, und wenn der Laden hier abbrennt, ist sowieso alles aus.“

„Geht klar“, versprach Sebastian.

„Ach ja, die letzte hintere Neonröhre im Stall lasse ich brennen, damit Sie in der Nacht zumindest ein schwaches Licht haben.“

„Super, vielen Dank, Herr Hansen, das ist sehr nett von Ihnen.“

„Schlafen Sie gut, und wenn was sein sollte, einfach rufen oder an der Haustüre klingeln, ich habe einen leichten Schlaf.“

„Dankeschön, gute Nacht, Herr Hansen.“

„Gute Nacht.“

Sebastian, Celine und die Kinder hatten ihre Schlafsäcke auf dem weichen Heu nebeneinander ausgebreitet und blickten von der erhöhten Lage direkt in Mozarts Box. Dieser würdigte sie keines Blickes.

Erst als die Zwillinge die Geigen auspackten und die ersten Töne spielten, stellten sie am Ohrenspiel des Ponys eine erste Reaktion fest. Da sie längere Zeit nicht geübt hatten, waren ihre Finger etwas steif, doch schon bald wurden sie geschmeidiger und dann spielten die Kinder das Lied:

**'Der Mond ist aufgegangen'.** Celine sang leise mit ihrer wunderschönen Sopranstimme dazu. Sie kannte den Text noch haargenau, denn vor vielen Jahren hatte sie ihn jeden Abend ihren Töchtern vorgesungen:

**„Der Mond ist aufgegangen,**
**die goldnen Sternlein prangen**
**am Himmel hell und klar;**
**der Wald steht schwarz und schweiget,**
**und aus den Wiesen steiget**
**der weiße Nebel wunderbar.**

**Wie ist die Welt so stille,**
**und in der Dämmrung Hülle**
**so traulich und so hold,**
**als eine stille Kammer, wo ihr des Tages Jammer**
**verschlafen und vergessen sollt.**

**Seht ihr den Mond dort stehen?**
**Er ist nur halb zu sehen**
**und ist doch rund und schön.**
**So sind wohl manche Sachen,**
**die wir getrost belachen,**
**weil unsre Augen sie nicht sehn!**

**So legt euch denn, ihr Brüder,**
**in Gottes Namen nieder! Kalt ist der Abendhauch.**
**Verschon uns, Gott, mit Strafen,**
**und lass uns ruhig schlafen**
**und unser krankes Pony auch!“**

(von Matthias Claudius)

Die letzte Zeile hatte Celine verändert und auf Mozart bezogen, und es war kaum zu fassen; Mozart hatte sich herumgedreht und es schien, als hörte er dieser Melodie wie verzaubert zu. Zum Schluss wieherte er leise.

„Das ist wirklich unglaublich“, staunten Celine und Sebastian.

„Na seht ihr“, sagte Tessa erleichtert und Nele fügte hinzu:

„Vielleicht hat man ihn deshalb ‚Mozart‘ genannt, weil er so sehr die Musik liebt?“

„Hm“, Tessa dachte nach. „Du meinst, nach dem weltberühmten Komponisten Wolfgang Amadeus Mozart?“

„Warum nicht?“

„Tja, ob es da tatsächlich einen Zusammenhang gibt, werden wir wohl nie herausfinden“, meinte Sebastian nachdenklich.

„Jedenfalls werden wir ihm jeden Tag etwas vorspielen, jeden Tag", sprach Tessa.

„Na, da habt ihr euch aber was vorgenommen", seufzte Celine. Doch Nele und Tessa waren sich ganz sicher und sprachen wie aus einem Munde:

„Egal, wir schaffen das!"

Dann kuschelten sie sich fest aneinander und mit ihren Stofftieren in den Armen fielen sie in einen tiefen Schlaf.

„Schatz", flüsterte Sebastien, „es ist noch keine vierundzwanzig Stunden her, da sagtest du, dass du niemals im Heu oder Stroh schlafen würdest."

„Weißt du, Liebling, Menschen ändern schon mal ihre Meinung."

„Ja, das soll schon mal vorkommen. Ist ja auch völlig normal, was wir hier machen, oder?"

„Total normal", antwortete Celine und schmiegte sich eng an Sebastian, bis auch sie völlig übermüdet einschliefen.

## Der kleine Graf

In den nächsten Tagen kümmerten sich die Zwillinge fürsorglich um Mozart. Nachdem sie noch eine weitere Nacht mit ihren Eltern auf der Stallgasse schlafen durften, erschienen sie von jetzt an jeden Morgen pünktlich um 7.00 Uhr zur Fütterungszeit auf dem Ponyhof. Celine und Sebastian hätten niemals gedacht, dass Nele und Tessa in den Sommerferien freiwillig so früh aufstehen würden, wo sie doch eigentlich die geborenen Langschläfer waren.

Doch um den Stall zu misten, einzustreuen und um Mozart zu füttern und ihm auf den Geigen vorzuspielen, veränderten sie gerne ihre Langschläfer-Mentalität und kamen erstaunlicherweise mit einem Mal gut aus den Federn. Mit Erfolg!

Schon nach wenigen Tagen stellte sich bei Mozart eine positive Veränderung seines Verhaltens ein. Tessa konnte wieder, ohne dass Mozart die Zähne fletschte, in seine Box gehen und Hafer oder Pellets in den Trog schütten. Zaghaft nahm er wie bei der ersten Begegnung eine Möhre aus ihrer Hand und ab und zu gelang es ihr, ihn leicht zu berühren.

Doch eine Sache gefiel den Zwillingen gar nicht. Während alle anderen Ponys Kontakt zu einem vierbeinigen Nachbarn hatten und ein Fenster in ihren Boxen, durch das das warme Sonnenlicht aufs goldgelbe Stroh fiel, stand Mozart alleine in einem nahezu stockfinsteren Stall.

Er war vollkommen isoliert und konnte kein anderes Pony sehen, nur hören.

„Opa Hansen“, fragte Nele mutig, „können wir Mozart nicht umstellen in eine Box, wo er Kontakt zu anderen Ponys hat?“

„Um Gottes Willen, Nele, nur das nicht. Vor einigen Monaten haben wir das schon mal versucht, mit dem Ergebnis, dass er eine Zwischenwand aus Holz kurz und klein getreten hat. Also davon muss ich euch dringend abraten.“

„Hm, gibt es denn noch eine andere Möglichkeit, damit er mehr am Leben auf dem Ponyhof teilhaben kann?“, hakte Tessa nach. „In seinem jetzigen Stall muss er sich doch wie in einem Gefängnis fühlen.“

„Tja, ich habe schon mal darüber nachgedacht, aus dem früheren Schweinestall dort drüben eine weitere Box zu machen. Sie wäre schön groß, hell, luftig und Mozart könnte wunderbar den ganzen Hof überschauen."

„Oh prima, Opa Hansen, das ist eine tolle Idee. Wann könnten Sie damit beginnen?"

„Hm, das ist eine gute Frage. Was meint ihr, ob euer Vater mir dabei helfen würde? Alleine schaffe ich das nämlich nicht, wegen meiner Schulter."

„Ganz bestimmt, er hat momentan noch Urlaub. Gleich wenn er kommt, werden wir ihn darum bitten."

Nach einer Weile, als Sebastian den Hof betrat, stürmten Nele und Tessa auf ihn zu und bombardierten ihn mit folgender Frage:

„Papa, kannst du mit Opa Hansen aus dem Schweinestall eine schöne Box für Mozart machen? Bitte, Paps, du bist doch Architekt."

„Also Moment mal, ich entwerfe Ein-, Zwei- und Mehrfamilienhäuser, Hotels und Büroräume, aber einen artgerechten Pferdestall bauen? Ich weiß nicht."

„Aber Papa, wozu hast du denn studiert, wenn du noch nicht einmal einen Schweinestall umbauen kannst?", meinte Nele völlig enttäuscht.

Das ließ Sebastian nicht auf sich sitzen und sein unermüdlicher Architektenehrgeiz war geweckt. Er ging hinüber zum Schweinestall und während er ihn eingehend betrachtete, schien es, als sei er gedanklich bereits mit der Umgestaltung beschäftigt.

„Hallo, Herr Architekt, kriegen wir das hin?", fragte plötzlich Herr Hansen und klopfte Sebastian aufmunternd auf die Schulter.

„Denk ich doch“, hörte sich Sebastian sagen, ohne einen blassen Schimmer zu haben, auf welche Kriterien man bei der Errichtung eines Stalles achten sollte.

Doch Herr Hansen gab ihm wertvolle Tipps und schon am darauffolgenden Tag präsentierte Sebastian Herrn Hansen einen kleinen Plan, wie man den neuen Stall mit geringen Materialkosten und viel ‚Do it yourself‘ umbauen konnte.

Zunächst musste er jedoch entrümpelt werden. Dabei stießen sie auf mehrere verrostete Fahrräder, eine alte Getreidewaage, Säcke, verschiedene Werkzeuge und einen sehr alten, schwarzen Pferdeschlitten.

„Ist das Ding was wert?“, fragte Sebastian interessiert.

„Und ob, man müsste aber etliche Arbeitsstunden investieren, um den Schlitten wieder flott zu machen. Vielleicht wage ich mich an diese anstrengende, zeitaufwändige Restauration heran, wenn ich Rentner bin. Transportieren wir ihn doch erst einmal in die Scheune.“

Gesagt, getan, und so kam es, dass nach und nach aus dem verstaubten, ausgedienten Schweinestall ein wunderschöner Pferdestall für Mozart wurde. Er war sage und schreibe fünfzehn Quadratmeter groß. So eine geräumige Box hatte kein anderes Pony auf Hansens Hof.

Nele und Tessa waren überglücklich und auch Sebastian machte die Arbeit auf dem Ponyhof sichtlich Spaß.

Herr Hansen brachte ihm sogar das Treckerfahren bei, und als er das bullige, rote Gefährt zum ersten Mal alleine fahren durfte, war er stolz wie Oskar.

„Echt cool, Papa“, stellten die Zwillinge begeistert fest und berichteten ihrer Mutter am Abend, wie mega-geil Sebastian mit dem Trecker über Hansens Wiesen gefahren war …

Am nächsten Morgen sollte Mozart in seine neue Box umziehen. Für diesen besonderen Anlass hatten die Zwillinge den neuen Futtertrog mit Hafer, Pellets und einigen Möhren prall gefüllt. Außerdem war es Sebastian und Herrn Hansen gelungen, eine Raufe an der Wand zu montieren, die sie mit einer Lage erstklassigem Heu füllten. Eine vollautomatische Tränke war ebenso angebracht.

Zusätzlich kaufte Celine bei der landwirtschaftlichen Genossenschaft in Bad Rankershausen eigens für Mozart einen Leckstein, der wichtige Mineralsalze und Vitamine enthielt. Schließlich sollte es ihm an nichts fehlen. Natürlich hatten sich Nele und Tessa ernsthaft Gedanken gemacht, wie man Mozart am besten zu dem neuen Stall herüberführen könnte. Nach vielen unzähligen Versuchen war es Tessa schließlich geglückt, ihm ein Halfter anzulegen. Und nachdem sich alle nochmals vergewissert hatten, dass wirklich alles zum Wohle des Ponys hergerichtet war, kam nun die Stunde der Wahrheit. Nele stand mit ihrer Geige in den Startlöchern und Tessa versuchte, einen Führstrick an Mozarts Halfter zu befestigen, was recht schwierig war, da Mozart nicht ruhig stehen blieb.

Dann endlich klickte der silberfarbene Panikhaken in die Schnalle des Halfters ein und Nele spielte wie auf Kommando das ‚Pferdelied‘, während Tessa sang:

**„Hopp, hopp, hopp! Pferdchen, lauf Galopp!**
**Über Stock und über Steine,**
**aber brich dir nicht die Beine!**
**Hopp, hopp, hopp, hopp, hopp!**
**Pferdchen, lauf Galopp!“**

Es war, als würde Mozart den Text dieses Liedes verstehen, denn als Tessa mit ihm den Hof betrat, riss er sich auf der Stelle los und galoppierte wie ein Irrer durch die Gegend.

Das große, halbrunde Eingangstor hatte Herr Hansen vorsichtshalber geschlossen, sodass Mozart den Innenhof glücklicherweise nicht verlassen konnte. Mozart war nicht zu bändigen, er galoppierte munter drauflos, buckelte ausgelassen und freute sich seines Lebens.

„Mensch, hat der Dampf im Kessel", staunte Herr Hansen.

„Was machen wir denn jetzt?", rief Tessa hilflos.

„Abwarten und Tee trinken, bis er müde wird."

Und das dauerte, denn Mozart war fit wie ein Turnschuh, von Müdigkeit keine Spur. Runde um Runde trabte oder galoppierte er mal rechts, mal links herum, dabei trug er seinen Schweif hoch und wieherte, was das Zeug hielt.

„Er hat Bewegungsdrang", erklärte Herr Hansen schuldbewusst, „schließlich hat er wochenlang seine Box nicht verlassen."

Nach über einer halben Stunde schien Mozart endlich die Puste auszugehen.

Er japste nach Luft und als er zu Tessa trabte und schnaufend vor ihr stehenblieb, packte sie ihn blitzschnell am Halfter und führte ihn eiligst in seine neue Unterbringung.

Diese schien ihm sehr gut zu gefallen, denn nachdem er zunächst unruhig mit den Hufen im Stroh gewühlt hatte, legte er sich plötzlich hin und wälzte sich mehrmals hin und her. Als er wieder auf seinen Beinen stand, hob er den Schweif in die Höhe und Schwups, purzelten die ersten Pferdäpfel ins saubere Stroh. Mozart schnaubte, wieherte, inspizierte den neuen Futtertrog und begann, hastig zu fressen.

„Alles klar“, stellte Herr Hansen zufrieden fest, „nach ein, zwei Tagen wird er sich gut eingelebt haben.“

Doch Herr Hansen irrte sich gewaltig.

Auch nach zwei weiteren Eingewöhnungstagen wirkte Mozart immer noch nervös, unruhig und unnahbar. Nur wenn die Zwillinge auf ihren Musikinstrumenten spielten, war er entspannt und zufrieden. Irgendetwas schien ihm nach wie vor zu fehlen, nur was?

Man diskutierte erneut, wie man das Wohlbefinden des Schimmelponys nachhaltig verbessern könnte. Celine brachte sogar einen blauen Gymnastik-Ball aus Plastik zum Spielen mit.

Doch nachdem sie ihn Mozart vorsichtig gezeigt und ihn anschließend in die Box geworfen hatte, schnupperte Mozart zunächst behutsam daran und trat anschließend wütend mit seinem rechten Huf dagegen. Es hatte den Anschein, dass auch dieses neue Spielgerät Mozart nicht glücklich machen würde.

„Herr Hansen, haben Sie noch eine Idee, was wir als Nächstes versuchen könnten?“, fragte Sebastian verzweifelt, als er sah, wie enttäuscht die Zwillinge waren. „Die Kinder können nicht rund um die Uhr für Mozart Geige spielen. Die Sommerferien gehen allmählich dem Ende entgegen und für Nele und Tessa steht ein wichtiger Schulwechsel an.“

„Es gibt da vielleicht noch eine allerletzte Möglichkeit“, sprach Herr Hansen nachdenklich.

„Mein Freund Piet de Jong betreibt eine erfolgreiche Shetlandpony-Zucht in Holland. Vielleicht stellt er uns ein kleines Pony zur Verfügung, das wir zu Mozart in die Box stellen können? Und mit ein wenig Glück vertragen sich die beiden und werden dicke Freunde. Wissen Sie was? Ich gehe ins Haus und rufe ihn gleich einmal an."

„Okay, Herr Hansen."

Sebastian ging hinüber zu Nele und Tessa, die vor Mozarts Stall auf einer Futterkiste saßen und jeweils einen Apfel verspeisten.

Abwechselnd aßen sie einen Bissen, den nächsten Bissen spuckten sie in ihre Hände und warfen das Apfelstück in Mozarts Box. Er fraß es genussvoll und weißer Speichel tropfte aus seinem kauenden Maul.

„Cool", stellten die Zwillinge lächelnd fest und kicherten. Damit sie nicht ständig Geige spielen mussten, hatten sie von zu Hause einen alten CD Player mitgebracht und mehrere CDs mit Geigenmusik, die sie nun abwechselnd auflegten. So herrschte um Mozarts Box ständig eine angenehme, romantische Konzertatmosphäre, die alle sehr genossen.

Nach einer halben Stunde stürmte Herr Hansen aus dem Wohnhaus.

„Nele, Tessa, habt ihr morgen schon was vor? Ich würde gerne mit euch nach Holland fahren zu meinem Freund Piet. Eventuell hat er ein kleines Pony, einen Spielkameraden für Mozart. Ich bin der Meinung, wir sollten uns seine Ponys auf jeden Fall einmal anschauen. Wie sieht es aus, habt ihr Lust mitzufahren?"

„Na klar, juchhuuu, toll, wir fahren nach Holland. Papa, wir dürfen doch, oder?"

Sebastian nickte. „Herr Hansen, ist es Ihnen recht, wenn wir zu dritt mitfahren?"

„Selbstverständlich Herr Berger, oh, das wird herrlich. Kinder, ihr werdet staunen, wenn ihr die vielen Ponys seht. Also, wenn ihr morgen früh zum Füttern kommt, fahren wir anschließend sofort los, sagen wir so gegen 8.00 Uhr, einverstanden?"

„Einverstanden, oh, ist das krass, wir fahren in unser Nachbarland und bringen vielleicht ein Pony mit."

Nele und Tessa waren in Hochstimmung und freuten sich wahnsinnig auf den nächsten Tag.

Am anderen Morgen erschien Lukas sehr früh auf dem Ponyhof. Er fütterte die Tiere, streute die Boxen mit Stroh ein und kehrte die Stallgasse pikobello in der Hoffnung, dass er mitfahren durfte. Doch Herr Hansen blieb unnachgiebig und bat Lukas, während seiner Abwesenheit auf dem Hof nach dem Rechten zu schauen.

Lässig, mit den Händen in den Hosentaschen, lehnte Lukas beleidigt am Scheunentor und beobachtete, wie Herr Hansen sich abmühte, den in die Jahre gekommenen Pferdehänger an seinen Mercedes älteren Baujahrs anzuhängen.

„Kannst du mir mal helfen?", forderte er Lukas auf. Doch dieser rührte sich nicht von der Stelle und rief:

„Es dreht sich doch alles nur noch um die blöden Zwillinge."

„Schmoll ruhig weiter", entgegnete Herr Hansen, und er schaffte es nur mit größter Anstrengung, den Transporter alleine anzuhängen.

In diesem Augenblick fuhren Herr Berger und die Zwillinge auf den Hof.

Während sie aus dem Auto stiegen, rief Sebastian:

„Guten Morgen, es tut mir leid, wir haben verschlafen.“

„Typisch“, grollte Lukas und er fügte hinzu: „Nur der frühe Vogel fängt den Wurm.“ Das war der Satz, mit dem Herr Hansen Lukas hin und wieder neckte, wenn er zu spät kam.

Unwillkürlich musste Herr Hansen grinsen. Anschließend klatschte er voller Tatendrang in die Hände und sprach: „Na dann wollen wir mal.“

„Wie weit ist es denn?“, erkundigte sich Sebastian.

Herr Hansen studierte seine verknitterte Landkarte und sprach: „So um die 130 Kilometer.“

„Sollen wir mein mobiles Navigationsgerät benutzen?“, schlug Sebastian vor.

„Tut mir leid, mit diesem neumodischen Kram kenne ich mich nicht aus.“

„Müssen Sie auch nicht. Moment, das haben wir gleich.“

Sebastian holte aus seinem Geländewagen das Navi und fragte Herrn Hansen nach der genauen Adresse seines Freundes Piet de Jong. Nachdem er diese programmiert hatte, befestigte er es im Innern des Wagens an der Windschutzscheibe. Als er wieder aussteigen wollte, reichte Herr Hansen ihm den Autoschlüssel und sagte:

„Am besten, Sie fahren, dann kann ich mir in Ruhe die schöne Landschaft ansehen.“

„Wie Sie wollen“, antwortete Sebastian, stellte den Fahrersitz in die für ihn richtige Position und startete den Motor. Herr Hansen nahm auf dem Beifahrersitz Platz und die Zwillinge auf der Rückbank des alten Autos.

Nele und Tessa hatten auf die Schnelle Mozart gefüttert und freuten sich riesig auf die Autofahrt und auf die vielen Shetlandponys.

Während der alte Mercedes mit dem Pferdeanhänger im Schneckentempo den Hof verließ, berechnete das Navigationsgerät die Route und Sebastian erklärte Herrn Hansen, dass es genau 122 Kilometer bis zum Ziel seien.

„Tolle Technik“, staunte Herr Hansen und betrachtete voller Respekt das sprechende Gerät.“

Aus dem Schulunterricht wussten die Mädchen, dass die Niederlande zusammen mit Luxemburg und Belgien die Benelux-Staaten bildeten. Dennoch war es komisch: Während sie mit ihren Eltern bereits in viele europäische Länder gereist waren, fuhren sie heute zum ersten Mal ins unmittelbare Nachbarland, nach Holland. Unterwegs beobachteten sie interessiert die vielen Kühe, Pferde und Schafe, die auf saftig grünen Wiesen grasten.

Ihr Weg führte sie ebenso an malerischen Windmühlen vorbei und sie durchquerten flache Heidelandschaften, die von vielen Flüssen und Bächen durchzogen waren.

Gleichzeitig lauschten sie gespannt den Erzählungen Herrn Hansens, die ihnen an manchen Stellen wie schöne, spannende Märchen vorkamen.

Nach ungefähr eineinhalb Stunden ertönte die angenehme, weibliche Stimme aus dem Navigationsgerät:

„Sie haben Ihr Ziel erreicht, sie haben Ihr Ziel erreicht.“

„Das ist ja fantastisch“, rief Herr Hansen entzückt, als sie durch den Torbogen fuhren, auf dem „Shetlandpony-Zucht Piet de Jong“ geschrieben stand.

Der schöne, rustikale Bauernhof lag herrlich eingebettet zwischen unzähligen Wiesen, auf denen kleine Ponys glücklich umhertobten. Es bestand kein Zweifel, dies hier war ein wahres Paradies für die vielen Kleinpferde.

Lautes Hundegebell zweier Beagle kündigte ihren Besuch an. Nur wenige Augenblicke später öffnete sich die Türe des Wohnhauses und ein kleiner, untersetzter Mann mit grauen Haaren und spitzbübisch schauenden Augen kam freundlich winkend auf sie zu.

„Das ist Piet, mein Freund, ein eingefleischter Junggeselle“, sprach Herr Hansen, bevor er ausstieg und sich die beiden Männer freundschaftlich begrüßten. Herr Hansen stellte Sebastian und die Zwillinge vor und schon kam vom lustigen Piet de Jong ein passender Spruch für Nele und Tessa über die Lippen:

„Wer hätte das vom Storch gedacht, dass er euch gleich doppelt hat gebracht.“

Alle lachten und dann führte Herr de Jong die Besucher rund. Nele und Tessa saugten den intensiven Mist- und Stallgeruch in sich hinein. Inzwischen liebten sie diesen Duft, dabei wussten sie nicht, wohin sie als Erstes schauen sollten. Mindestens 100 bis 120 Shetlandponys, darunter Schecken, Braune, Füchse und Rappen, manche mit ihren niedlichen Fohlen, ließen die Kinder vor Freude jauchzen. Teilweise waren sie nicht größer als ein Hund, und Herr de Jong erzählte, dass die Ponys als Spielgefährten für Kinder, als Haustiere oder im Zirkus gehalten würden. Seine Käufer kamen aus der ganzen Welt.

Um kein Missverständnis aufkommen zu lassen, erklärte Herr Hansen seinem Freund, dass sie kein Pony kaufen wollten, sondern dass sie einen Spielkameraden zur Probe für ein schwieriges Schimmelpony suchten. Ein Beistellpony sozusagen.

Er berichtete weiter, dass die Zwillinge dieses Pony bisher sehr erfolgreich mit Geigenmusik therapiert hatten. Dennoch schien es, als fehle dem Pony noch irgendetwas, um endlich rundum glücklich und zufrieden zu sein.

Piet de Jong überlegte, ehe er sprach: „Nun, ich habe da noch ein äußerst kleines Pony, ein Miniaturpferdchen, ein ‚Falabella'."

Sebastian und die Kinder wussten mit diesem Wort nichts anzufangen, daraufhin erklärte ihnen Herr Hansen, dass Falabellas die kleinsten Pferde der Welt seien, mit einer Größe zwischen 53 cm und 75 cm. Die Zwillinge staunten.

„Echt, so kleine Ponys gibt es? Die müssen ja total süß sein."

Doch Herr de Jong zögerte noch, ob er das Pferdchen tatsächlich zeigen sollte. Er fügte hinzu: „Also …, eigentlich ist der kleine Wallach etwas unförmig, besser gesagt: deformiert. Damals, unmittelbar nach seiner Geburt, meinte unser Tierarzt, man solle ihn besser einschläfern, damit ihm eventuelles Leid erspart bliebe. Doch irgendwie meistert der kleine Kerl tapfer sein Schicksal, und es geht ihm gut dabei."

„Oh Herr de Jong, bitte zeigen Sie uns doch das Pony", bettelten die Mädchen.

„Na gut, kommt mal mit", und alle folgten Herrn de Jong ins Wohnhaus.

„Steht er etwa im Haus?", fragte Sebastian sichtlich schockiert.

„Ich hoffe es, er hat nämlich keinen eigenen Stall, er läuft immer los über die ganze Anlage, durch die Wiesen, durch die Ställe und auch durchs Haus."

In der Küche wurden sie schließlich fündig. Ein kleines, braun-weiß geschecktes Minipferdchen stand fröhlich neben dem Küchentisch und kaute auf einer Möhre, die es aus einem Sack stibitzt hatte.

„Ah, hier ist er, darf ich vorstellen, das ist ‚Graf Hollywood'."

Es wurde mucksmäuschenstill. Herr Hansen, Sebastian und die Zwillinge schauten entsetzt auf den kleinen Vierbeiner. Das einzig Schöne an diesem Tier war sein Fell mit den verschiedenen braun-weißen Farbflecken. Ansonsten war der Kopf viel zu groß für den kleinen, schmächtigen Rumpf des Ponys. Außerdem hatte er vorne O-Beine und hinten X-Beine. Das arme Tier sah jämmerlich aus.

„Oh je", stammelte Herr Hansen und schlug bestürzt die Hände vors Gesicht. „Dass er überhaupt gehen kann", meinte Sebastian erstaunt, und den Zwillingen hatte es gänzlich die Sprache verschlagen.

„Eigentlich ist jeder entsetzt, der den Grafen sieht", gab Herr de Jong ehrlich zu.

Dann fragte Tessa. „Wieso heißt er denn ‚Graf Hollywood'?"

„Tja, wir haben uns gedacht, wenn man schon so seltsam aussieht, sollte man zumindest einen wunderschön klingenden Namen haben. Und da wir auf dem Shetlandpony-Hof ganz viele Kinder haben, die sich sehr liebevoll um das Zwergpony kümmern, haben wir abgestimmt und uns einstimmig für ‚Graf Hollywood' entschieden.

„Cool, ich finde ihn schön, … also den Namen", stellte Tessa klar, und plötzlich rief Nele: „Mir gefällt das Pony und besonders der Name ‚Graf Hollywood'. Gerade weil er anders ist als alle anderen Ponys."

Sie ging zu ihm hin, kniete sich auf den kalten, braun gefliesten Küchenboden und streichelte sanft sein weiches Fell.

„Oh, er hat wunderschöne, große, aufmerksame Augen“, rief sie begeistert.

Als wolle er sich für dieses seltene Kompliment bei ihr bedanken, beschnupperte der Graf Nele neugierig und wieherte hell vor Freude.

„Er mag dich, sonst würde er nicht wiehern“, erklärte Herr de Jong und Neles Gesicht errötete leicht.

„Wenn ihr mir versprecht, dass ihr euch sehr fürsorglich und treu um den Grafen bemüht und ihn beschützt, wenn man ihn veräppelt, bin ich bereit, euch den Kleinen für eine gewisse Zeit zu leihen.“

„Super, super, super, danke, Herr de Jong, wir werden uns jeden Tag lieb um ihn kümmern, das versprechen wir hoch und heilig“, sagte Nele, und Tessa fügte hinzu:

„Und wir werden ihm auf unseren Geigen vorspielen, jeden Tag.“

„Okay, ihr habt mich überzeugt und ich drücke die Daumen, dass er sich mit eurem Problempony gut vertragen wird“, entgegnete Herr de Jong. Nachdem sich die Männer noch eine Weile unterhalten hatten, verluden sie das Minipferdchen und Sebastian, Herr Hansen und die Zwillinge traten erfreut die Heimfahrt an.

Auf Hansens Ponyhof herrschte Hochbetrieb.

„So ein Mist aber auch“, schimpfte Herr Hansen. Allzugern hätte er das Pony in aller Ruhe ausgeladen, doch als das Auto mit dem Pferdeanhänger auf den Hof fuhr, kamen alle Neugierigen eiligst herbeigelaufen, um das neue Pony zu begutachten.

Als Herr Hansen, Nele und Tessa das Shetlandpony ausluden, stieß Lukas einen Schrei des Entsetzens aus:

„Ach du Sch…, ich glaube, ich bin im falschen Film“, grölte er über den Hof. Im Nu hatten sich alle Schaulustigen um das kleine Minipferd versammelt und schauten es mitleidig an.

„Das ist ‚Graf Hollywood‘“, rief Nele in die Menge.

Julia, Annabell und vier weitere Kinder tuschelten leise und Lukas meinte: „Den hätte man besser ‚Graf Dracula‘ genannt“, woraufhin alle lachten.

Nun wurde es Herrn Hansen zu bunt.

„Da haben wir es mal wieder, wenn man anders ist als alle anderen, wird man leicht zur Zielscheibe von Gemeinheiten. Aber das lasse ich nicht zu.“ Der alte Mann führte den kleinen Wallach zu Mozarts Box, der ihn schon von Weitem wiehernd begrüßte. Doch der Graf konnte nicht so schnell Schritt halten und stolperte hinterher.

„Ach du dickes Ei“, schrie Lukas. „Jetzt haben wir einen richtigen Behindertenstall. Mozart ist bescheuert in der Birne, und ein ‚Graf‘, der nicht gehen kann, und der eigentlich in die Wurst gehört …“

Keine drei Sekunden später hatte sich Lukas von Tessa für diese Äußerung eine schallende Ohrfeige eingefangen.

„He, bist du bescheuert?“, giftete Lukas Tessa an. Doch Nele eilte ihrer Zwillingsschwester zu Hilfe und rief: „Hau ab, du altes Lästermaul, sonst scheuer ich dir auch noch eine.“

Herr Berger drängte sich zwischen die Streithähne und schimpfte:

„Jetzt ist aber Schluss, ich will kein Wort mehr hören.“

Daraufhin schwang sich Lukas Hals über Kopf auf sein Mountainbike und fuhr gekränkt nach Hause….

Unterdessen stellte Herr Hansen das kleine Shetlandpony zu Mozart in die Box. Dieser beäugte seinen neuen Stallgefährten hocherfreut, und als der Graf hell wieherte, schien er von dem Kleinen fasziniert. Er wich nicht mehr von seiner Seite und indem er den neuen Mitbewohner beschnüffelte und beknabberte, zeigte er ihm seine Zuneigung, die Graf Hollywood in gleicher Weise erwiderte.

Herr Hansen, Nele, Tessa und Sebastian strahlten um die Wette, während sie die beiden beobachteten.

„Volltreffer! Unsere Bemühungen haben sich gelohnt“, grinste Herr Hansen und die Zwillinge klatschten vor Freude in die Hände.

„Endlich haben wir herausgefunden, was ihm außer Musik noch gefehlt hat, dabei ist es doch so naheliegend, und zwar ein Freund, ein guter Freund“, seufzte Sebastian.

Und als wäre das das Stichwort, spurteten die Zwillinge zum Geländewagen und holten ihre Geigen. Nachdem sie diese kurz gestimmt hatten, stellten sie sich vor Mozarts Box in Position, legten die Geigen ans Kinn und spielten den Refrain des Liedes **'Ein Freund, ein guter Freund'.** Herr Hansen und Sebastian kannten das Lied sehr gut und sangen den Text aus voller Brust:

**„Ein Freund, ein guter Freund,**
**das ist das Schönste, was es gibt auf der Welt.**
**Ein Freund bleibt immer Freund,**
**und wenn die ganze Welt zusammenfällt.**

**Drum sei auch nicht betrübt,**
**wenn dein Schatz dich nicht mehr liebt.**
**Ein Freund, ein guter Freund,**
**das ist der größte Schatz, den's gibt."**

(Aus dem Film „Die Drei von der Tankstelle", 1930)

Von der Geigenmusik der Zwillinge und dem Gesang der beiden Männer angelockt, begaben sich Frau Hansen und alle auf dem Hof anwesenden Kinder zu Mozarts Box, um sich von diesem sensationellen Ereignis höchstpersönlich zu überzeugen. In der Tat, Mozart blühte auf wie eine Blume, er tanzte ausgelassen in seiner Box hin und her, dabei wieherte er fröhlich.

Auch Graf Hollywood bewegte sich unter den schönen Geigenklängen sehr viel leichtfüßiger, geschmeidiger und seine körperlichen Seltsamkeiten waren kaum erkennbar.

Die beiden glückseligen Ponys zu beobachten hatte irgendwie etwas Putziges, und es schien, als seien sie tatsächlich auf dem richtigen Weg, um Mozart zu verstehen und ihn möglicherweise auch zu heilen. Das machte die Mädchen unendlich glücklich ...

## Probleme, Probleme, Probleme …

Allmählich neigte sich die Ferienzeit dem Ende zu, und die Zwillinge fieberten nervös dem neuen Schuljahr entgegen. Von jetzt an würden sie bis zum Abitur das städtische, humanistische Gymnasium im Zentrum von Bad Rankershausen besuchen.

Am Morgen des ersten Schultages ging es bei Familie Berger äußerst hektisch zu. Nele und Tessa bestanden darauf, vor Schulbeginn zum Ponyhof chauffiert zu werden, um Mozi und den Grafen zu füttern und um beiden etwas vorzuspielen, so wie sie es in den letzten Wochen immer gemacht hatten.

Leider sahen sie nicht ein, dass sie deshalb etwas früher aufstehen mussten, ansonsten würden sie zu spät zur Schule kommen.

Celine, die an diesem schwülen Sommertag vormittags in der Praxis Dienst hatte, fluchte leise, als sie gehetzt und auf den letzten Drücker die Schule erreichten. Sie hatten es also gerade so geschafft, rechtzeitig da zu sein.

Aufgeregt verließen Nele und Tessa mit ihren schweren Schultaschen das Auto und winkten ihrer Mutter freundlich hinterher, ehe Celine den Wagen wendete und sich zügig auf den Weg zur Praxis machte.

Auf dem Schulhof nahmen die Zwillinge bereits das Klingelzeichen wahr, das zur ersten Unterrichtsstunde läutete.

Während sie ins Schulgebäude trotteten, wurden sie von vielen neugierigen Schülern und Schülerinnen beäugt, die kichernd ihre Köpfe zusammensteckten und blöde Bemerkungen machten.

„Noch nie Zwillinge gesehen?“, rief Tessa gereizt einer Gruppe Jungs hinterher, und einer dieser Burschen, er war mindestens drei Jahre älter und zwei Köpfe größer als die Zwillinge, kam angriffslustig auf sie zu. Er trug verwaschene Bluejeans, dazu Turnschuhe und ein dunkelblaues T-Shirt. Blitzschnell holte er sein Smartphone aus der Hosentasche heraus und fotografierte damit das Geschwisterpaar. Gleichzeitig rief er laut:

„Cool, endlich mal scharfe Bräute im Doppelpack! Dürft ihr schon ins Kino, oder geht ihr noch mit Mutti und Papi Eis essen?"

Die anderen Jungs bogen sich vor Lachen, als sie in die verdutzten Gesichter der Zwillinge schauten.

Doch Tessa konterte und grölte: „Du Depp, scheinst tatsächlich nicht die hellste Glühbirne am Kronleuchter zu sein."

„Aber was nicht ist, kann ja noch werden", fügte Nele aufmunternd hinzu und beide ließen den sprachlosen Jungen einfach stehen.

Der Schulleiter Herr Höllenbach hatte den Zwillingen schriftlich mitgeteilt, dass sie sich am ersten Schultag nach den Ferien im 2. Obergeschoss in Klassenraum 28 einfinden sollten. Doch in dem verwirrend großen Gebäude dauerte es eine Zeitlang, bis sie den richtigen Raum, im richtigen Flur, im richtigen Stockwerk gefunden hatten.

Viele Schüler, darunter auch Julia, Lukas und sieben weitere Kinder aus ihrer Grundschulklasse, waren schon anwesend und warteten. Eine große, schlanke, an eine Bohnenstange erinnernde Frau, es musste wohl die Klassenlehrerin Frau Kuhfeld sein, stand mit einer Namensliste in der Hand vor der geöffneten Klassentüre und schaute ungeduldig auf die langsam daherschleichenden Zwillinge, bis auch sie als Letzte den Klassenraum erreicht hatten.

„Ihr seid zu spät, und das am allerersten Tag, nicht zu fassen", donnerte ‚die KUH' los. „Ab morgen bitte ich um Pünktlichkeit, habt ihr mich verstanden?"

Huch, was für eine unfreundliche Begrüßung!

„Wer von euch beiden ist Nele?“, fragte die Lehrerin weiter.

Nele hob schüchtern ihren rechten Zeigefinger in die Höhe.

„Gut, dann geh du bitte eine Türe weiter, in die Klasse 5b zu Herrn Kolibi, und deine Schwester bleibt hier bei mir in der 5a.“

Wie bitte? Hallo? Was war denn das für eine fette Hiobsbotschaft? Hatten sich die Zwillinge vielleicht verhört?

Irritiert fragte Tessa: „Sind wir nicht zusammen in einer Klasse?“

„Aber nein, wir Lehrer halten das aus pädagogischer Sicht für falsch. Schließlich sind selbst eineiige Zwillinge Individualisten und wir möchten sowohl dir als auch deiner Schwester die Möglichkeit zur optimalen Persönlichkeitsentwicklung geben.“

„Häh?“ Die Zwillinge konnten es nicht fassen.

Was für ein beklopptes Psycho-Blabla!

„Kommt gar nicht infrage“, rief Tessa erzürnt. „Schon im Kindergarten waren wir zusammen, in der Grundschule ebenso, und hier auf dem Gymnasium sollen wir getrennt werden? Nie im Leben!“

Plötzlich begann Nele zu weinen und das brachte Tessa noch mehr in Rage.

„Wissen Sie was? Sie können uns beide von Ihrer blöden Liste streichen; wir suchen uns eine andere Schule, wo wir zusammen in einer Klasse sein dürfen. Komm, Nele, wir gehen!“

Die Zwillinge hievten kurzerhand ihre Schulranzen über die Schulter und machten auf dem Absatz kehrt. Im selben Moment grölten und klatschten die anderen Jungen und Mädchen. Sie fanden es cool und staunten, dass Nele und Tessa mit solcher Konsequenz auf die Meinungsverschiedenheit mit der Klassenlehrerin reagiert hatten.

Flugs eilte Frau Kuhfeld den Zwillingen hinterher, um sie aufzuhalten, doch Tessa war auf hundertachtzig und zur Umkehr nicht bereit.

Enttäuscht und wütend verließen die Geschwister im Eiltempo das Schulgebäude und standen völlig verzweifelt auf dem Bürgersteig. Sie waren ratlos und total von der Rolle.

„Was machen wir denn jetzt?“, schoss es Nele durch den Kopf.

„Schau, dort drüben ist ein kleines Café. Komm, wir trinken erst einmal einen Kakao und dann sehen wir weiter.“

Im Café Mon Chérie war nicht viel los um diese Zeit. Nele und Tessa nahmen an einem Ecktisch Platz und bestellten zwei kalte Kakao.

„Verflixt und zugenäht, meinst du, Papa und Mama haben gewusst, dass wir in unterschiedliche Klassen sollen?“

„Ach was. Natürlich nicht“, antwortete Tessa. Doch ihr war schon jetzt klar, dass ihr heutiger Auftritt für mächtig viel Ärger sorgen würde.

„Ruf Mama doch mal an, oder hast du etwa Muffensausen?“, schlug Tessa vor.

„Quatsch, gar nicht. Du hast recht, wir sollten sie informieren und um Rat fragen. Nur blöd, dass wir kein Handy haben.“

Nele erhob sich und fragte die Bedienung, ob sie kurz telefonieren dürfte.

Die freundliche Kellnerin reichte ihr das mobile Telefon und Nele wählte zügig die Handynummer ihrer Mutter.

„Hallo Mama, wir sind im Café Mon Chérie, weil man uns trennen wollte, Tessa sollte in die 5a und ich in die 5b. Das geht doch nicht, oder? Jedenfalls sind wir einfach abgehauen. Außerdem hat ein blöder Typ uns mit seinem Smartphone fotografiert und gesagt, wir wären scharfe Bräute im Doppelpack. Was hat das alles zu bedeuten?

–Mama, wir sind nicht übergeschnappt.

–Kannst du uns hier abholen?

–Und Papa, hat er Zeit, uns abzuholen?

–Hm, dürfen wir denn mit dem Bus zum Ponyhof fahren?

–Gut Mama, bis später“, sprach Nele und beendete erleichtert das Telefonat.

„Schieß los, was hat sie gesagt?“, fragte Tessa gespannt.

„Oh, Mama ist stinksauer auf uns. Sie meint, wir wären komplett übergeschnappt, am ersten Tag auf unserer neuen Schule so einen Mist zu bauen. Leider hat sie keine Zeit uns abzuholen, und Papa auch nicht, da er einen wichtigen Außentermin hat. Wir sollen mit dem Bus zum Ponyhof fahren und in drei Stunden holt sie uns dort ab. Wenn ich sie richtig verstanden habe, fährt sie anschließend mit uns zur Schule, um die Angelegenheit mit dem Direktor zu klären.“

„Ach, du meine Güte, muss das sein?“ Tessa war entsetzt.

„Sie werden uns schon nicht die Köpfe abreißen“, beschwichtigte Nele. „Komm, lass uns bezahlen, Tessa, und dann fahren wir zu Oma und Opa Hansen ...“

Wenige Minuten später saßen die Mädchen in einem fast leeren Schnellbus, der das Zentrum von Bad Rankershausen mit dem Neubaugebiet am Rande der Stadt verband. Dort gab es noch unberührte Natur und herrlich grüne Oasen, die zu langen Spaziergängen einluden.

Noch ein letzter, flüchtiger Blick auf das schöne, in den Farben eines Regenbogens angestrichene Schulgebäude, in dem zurzeit alle Schüler Unterricht hatten, doch dann überwog die Vorfreude, schon bald wieder bei ihren geliebten Ponys zu sein.

„Nanu, was macht ihr denn hier, noch dabei zu Fuß? Solltet ihr nicht in der neuen Schule sein?“, fragte Herr Hansen verwundert, als er das Geschwisterpaar erblickte.

Die Zwillinge nickten verlegen und Nele berichtete, dass sie mit dem Bus gekommen waren und das letzte Stück zu Fuß zurückgelegt hatten.

Sie beobachteten, wie Herr Hansen mühsam eine Reparatur an seinem feuerroten Traktor vornahm.

„Hat Papa den kaputtgefahren?“, wollte Nele wissen.

Doch Herr Hansen lachte und erklärte: „Nein, nein, auf keinen Fall. Das ist normaler Verschleiß.“ Unter einem an den Ärmeln aufgekrempelten, karierten Flanellhemd kamen seine beiden ölverschmierten, stark behaarten Unterarme zum Vorschein. Wenig später pfefferte er wütend einen Schraubenschlüssel zu Boden und jammerte: „Mist, ich kriege das nicht hin. Und wenn ich einen Landmaschinenmechaniker kommen lasse, wird es unbezahlbar teuer.“

„Ach Opa Hansen, das wird schon wieder“, versuchte Nele ihn zu ermutigen.

Unterdessen zog es Nele und Tessa wieder zu den Ponys. Es war wunderschön anzuschauen, als beide Tiere vor ihrem Stall angebunden waren und von den Zwillingen mit einem fröhlichen Lied auf den Lippen liebevoll geputzt wurden. Noch vor wenigen Wochen wäre dies bei Mozart schier undenkbar gewesen. Nun ließ er friedlich das Striegeln, Bürsten und das Auskratzen der Hufe über sich ergehen.

Vor einigen Tagen, an einem sonnigen Sommertag, war es Tessa sogar geglückt, Mozart mit einem Wasserschlauch abzuspritzen und ihm somit eine wohltuende Abkühlung zu verschaffen. Als sein sauberes Fell im warmen Sonnenschein getrocknet war, sah Mozart bezaubernd aus. Ein richtiger Prachtkerl.

Später, als die Mädchen noch immer mit den Ponys beschäftigt waren, fuhr ein gelbes Postauto auf den Hof. Nun hatte Schnübi seinen Einsatz. Der kleine Jack Russell Terrier hasste das gelbe Auto wie die Pest und kam pfeilschnell aus dem Haus geflitzt. Dabei bellte er den Postboten in einer solch aggressiven Weise an, als wolle er ihn jeden Moment auffressen. Es war ein Ereignis, das sich mehrmals wöchentlich wiederholte, und weder Frau Hansen noch Herr Hansen war es bisher geglückt, Schnübi beim Anblick des Postautos zu beruhigen.

Der junge, freundliche Postbote ignorierte den quirligen, kleinen Wirbelwind und überreichte Herrn Hansen einen Brief, woraufhin dieser schnell ins Haus eilte. Kurze Zeit später vernahmen Nele und Tessa aus dem Innern des Hauses lautes Stimmengewirr. Es schien, als hätten die Hansens einen heftigen Streit. Ob es wohl etwas mit dem Brief zu tun hatte?

Jedenfalls waren die Zwillinge froh, als Celine bald darauf auf dem Ponyhof eintraf, um die Mädchen abzuholen.

„Mama, bei Hansens ist dicke Luft“, plapperte Tessa munter drauflos.

„Die werden wir auch gleich haben, oder wie wollt ihr es dem Schuldirektor erklären, dass ihr heute Morgen einfach abgehauen seid?“

„Mama, kannst du dem Direx bitte erklären, dass wir noch nie voneinander getrennt waren? Und dass wir unbedingt in dieselbe Klasse möchten? Bitte, bitte, bitte, Mami“, flehte Tessa.

„Ihr bringt mich um den Verstand, was meint ihr, was Papa dazu sagen wird?“

„Wir brauchen es ihm doch gar nicht zu erzählen“, schlug Nele vor.

„Oh doch, das werden wir“, kündigte Celine an.

Es war früher Nachmittag, als Celine und die Zwillinge zum zweiten Mal das Schulgebäude erreichten.

Von dem lauten, lebhaften, bunten Treiben am Morgen war nichts mehr zu spüren. Im Gegenteil, die Schule wirkte nun verlassen, ruhig, friedlich, fast wie ein südländisches Dorf während der Siesta

Mit einem mulmigen Gefühl im Bauch betraten Nele und Tessa mit ihrer Mutter das Gebäude und suchten das Büro des Direktors. Schließlich wurden sie im Erdgeschoss fündig und Nele deutete mit ängstlicher Miene auf das kleine Schildchen neben der Türe.

Darauf stand: „Schuldirektor K. Höllenbach.“

„Benehmt euch“, flüsterte Celine. Dann atmete sie tief durch und klopfte an.

„Ja bitte“, erklang eine dunkle, raue Männerstimme aus dem Innern des Büros.

Celine, Tessa und Nele traten zögernd ein und im gleichen Moment setzten die Mädchen ihre freundlichsten Unschuldsmienen auf.

„Aha, Frau Berger und die unzertrennlichen Zwillinge“, sprach der schon ältere, grauhaarige Direktor Höllenbach und erhob sich von seinem Big-Boss-Schreibtischsessel. Zu ihrem Entsetzen stellten die Mädchen fest, dass auch die Bohnenstange Frau Kuhfeld anwesend war und dass sie den Vorfall ihrem Vorgesetzten bereits ausführlich geschildert hatte. Auch das noch!

Doch Celine setzte zunächst auf Diplomatie und gratulierte den beiden Lehrpersonen zu dieser wunderschönen Schule.

Typisch Mama, schön einschleimen ... ehe es ernst wird, dachten die Zwillinge.

Allmählich kam man zum eigentlichen Grund des Beisammenseins.

Nele und Tessa waren dabei äußerst wortkarg und erst auf Celines Drängen kamen schließlich zwei leise, knappe Entschuldigungen über ihre Lippen.

Dennoch machten sie unmissverständlich klar, dass sie auf keinen Fall in unterschiedliche Klassen wollten.

Herr Höllenbach wandte sich an Frau Kuhfeld.

„Was meinen Sie, Frau Kollegin, wollen Sie es mit beiden Mädchen zusammen in Ihrer Klasse 5a versuchen?“

Der ‚KUH‘ blieb entrüstet der Mund offen stehen. Anschließend druckste sie herum und suchte händeringend nach einer überzeugenden Ausrede.

Erst als Celine bei einer eventuellen Klassentrennung von organisatorischen Problemen aufgrund ihrer beruflichen Tätigkeit als Ärztin berichtete und darauf hinwies, dass die Mädchen Geigen spielen würden und gerne gemeinsam in das Schulorchester ‚Die Musikstrolche' eintreten wollten, ging ein Ruck durch die Lehrerin und sie willigte letztendlich ein.

„Es gibt da aber noch etwas, das ich mit Ihnen besprechen möchte", fuhr Celine fort. Nele und Tessa blickten ihre Mutter verwundert an. Was würde denn jetzt noch kommen?

„Heute Morgen wurden meine Töchter auf dem Schulhof von einem wesentlich älteren Schüler dieser Schule mit dem Handy fotografiert. Ich möchte unter keinen Umständen, dass diese Fotos im Internet landen, Herr Direktor."

„Hm, das ist ein grundsätzliches Problem, Frau Berger. Im Zeitalter der sozialen Netzwerke werden wir immer wieder mit diesen Vorfällen konfrontiert, aber ich verspreche Ihnen, dass ich mich darum kümmern werde. Bei dem Schüler handelt es sich höchstwahrscheinlich um Mirco aus der 8b. Er ist ein besessener Musik- und Computerfreak, der sein Smartphone ständig zur Hand hat."

Herr Höllenbach schaute die Zwillinge an und fuhr fort:

„Ihr werdet künftig viel mit ihm zu tun haben. Mirco ist ein Musiker durch und durch. In unserem Orchester spielt er eine wichtige Rolle."

An Celine gerichtet wiederholte er: „Frau Berger, ich nehme mich dieser Sache an."

„Vielen Dank, Herr Direktor" antwortete Celine.

Herr Höllenbach erhob sich und geleitete Celine und die Kinder hinaus auf den Flur.

„Nele, Tessa, hier sind eure Stundenpläne“, rief Frau Kuhfeld und eilte herbei, um sie den Mädchen auszuhändigen.

„Schafft ihr es, morgen pünktlich um 8.00 Uhr hier zu sein?“

Ein schwaches, weiches Lächeln huschte über die Gesichter der Mädchen, während sie zaghaft nickten.

„Also dann bis morgen, auf Wiedersehen.“

„Auf Wiedersehen …, tschüss!“, entgegneten Celine, Nele und Tessa und eilten geschwind aus dem Schulgebäude.

Tessa zog ein langes Gesicht.

„Mama, du bist eine Petze“, legte sie im Auto los. „Wie stehen wir denn jetzt vor diesem doofen Mirco da? Das war megapeinlich, musstest du das unbedingt sagen?“

„Und ob, meint ihr, ich möchte die Fotos meiner Kinder auf irgendwelchen dubiosen Internetseiten wiederfinden? Nein, das wünsche ich nicht und Papa mit Sicherheit auch nicht.“

„Trotzdem, mit diesem blöden Affen spiele ich nicht im selben Orchester“, giftete Tessa weiter.

„Tessa, es reicht. Für heute ist das Maß voll. Wir fahren jetzt nach Hause und ihr bereitet euch bitte sorgfältig auf den morgigen Unterricht vor, basta.“

„Können wir denn zur Fütterungszeit noch einmal kurz in den Stall fahren? Bitte, Mama“, bettelte Nele.

„Meinetwegen“, seufzte Celine. „Aber höchstens für zehn Minuten, ist das klar?“

„Ja, Mama, sonnenklar“, kam es gleichzeitig aus zwei Kehlen und die Mädchen lächelten sich glücklich an.

Als Celine und die Zwillinge gegen Abend zum Ponyhof fuhren, erblickten sie auf dem zum Hof führenden, geschlungenen Wirtschaftsweg, kurz vor den Weiden, Herrn Hansen und Nachbarbauer Andreas. Beide führten je zwei Ponys am Halfter.

Celine stoppte das Auto, drückte auf den elektrischen Fensterheber und fragte besorgt: „Ist etwas passiert, können wir helfen?"

Herr Hansen war so intensiv mit den temperamentvollen, tippelnden Tieren beschäftigt, dass er völlig außer Atem rief:

„Alles unter Kontrolle, die Ponys sind von der Koppel ausgebrochen. Doch Gott sei Dank ist nichts passiert und wir konnten sie umgehend einfangen."

Nele und Tessa sprangen blitzschnell aus dem Wagen und wollten Herrn Hansen behilflich sein. Doch er antwortete harsch: „Nichts da, das mache ich selber!"

Oh, oh, oh, er war also noch immer schlecht gelaunt. Verwundert blies Tessa ihre Wangen auf und sagte leise zu ihrer Schwester:

„Der hat heute echt einen an der Waffel! Dabei meinen wir es doch gut. Morgen jammert er wieder über seine schmerzende Schulter, jede Wette."

Auch Celine spürte, dass bei den Hansens der Haussegen mächtig schief hing.

Deshalb ging sie, nachdem sie das Auto unter einem großen Kastanienbaum geparkt hatte, ins Haus zu Frau Hansen. Vielleicht würde sie von ihr den Grund für die miese Stimmung ihres Mannes erfahren.

Schon im Hausflur stieg Celine verbrannter Geruch in die Nase. Als sie die Küche betrat, erblickte sie Frau Hansen, die wie ein Häufchen Elend vor dem Ofen stand und entsetzt auf eine Bratpfanne mit angebranntem Inhalt starrte.

„Hallo, Frau Hansen, ist alles in Ordnung?“, fragte Celine vorsichtig.

Frau Hansen zuckte zusammen, sie hatte Celine gar nicht bemerkt.

„Ach Frau Berger, mir sind gerade die Bratkartoffeln angebrannt.“

„Das ist doch nicht weiter schlimm, das passiert doch jedem mal.“

Celine bemerkte an ihren geröteten Augen, dass Frau Hansen geweint hatte und nahm sie deshalb fürsorglich in die Arme.

In diesem Augenblick schluchzte Frau Hansen los. Dabei wischte sie mit einem zierlichen, mit Spitzen umsäumten Taschentuch ihre Tränen fort.

„Was ist denn los, Frau Hansen? Die Bratkartoffeln sind doch nicht der wahre Grund, oder?“

Frau Hansen putzte sich die Nase, zog einen Brief aus ihrer Kitteltasche und reichte ihn Celine.

Es hat also doch etwas mit diesem kuriosen Brief zu tun, dachte sie.

Beide Frauen setzten sich und Celine las ungläubig, was dort geschrieben stand.

Der Brief kam von der Bank. Darin teilten sie den Hansens mit, dass der Ponyhof mit 195.000 Euro verschuldet sei. Man gewährte ihnen eine Frist von sechs Wochen, um den Geldbetrag zu begleichen, andernfalls würde ein Zwangsversteigerungsverfahren eingeleitet.

Oh Gott, was für eine schlimme Schreckensnachricht!

Celine wusste im ersten Moment gar nicht, was sie sagen sollte.

„Frau Hansen, das tut mir so leid, wirklich", stammelte sie. „Aber es gibt bestimmt einen Ausweg."

Frau Hansen schüttelte heftig den Kopf.

„Nein, den gibt es nicht, es ist das Ende vom Ponyhof. Wir wissen nicht, wie wir diese Summe aufbringen sollen, es ist unmöglich, wir sind pleite! Dabei haben wir so viel Liebe, Herzblut, Geld und Arbeit in den Hof investiert. Aber die Zeiten haben sich geändert, dazu die Eurokrise, und jetzt geht alles den Bach hinunter."

Frau Hansen weinte bitterlich.

Plötzlich stand Nele in der Küche und rief: „Mama, wir sind fertig …"

Sie stutzte, als sie Frau Hansen weinen sah.

„Nele, stehst du schon lange da? Bitte spielt den Ponys noch ein Lied auf euren Geigen vor, ich komme gleich."

Nele verfügte über ein feines Gespür und sie hatte sofort begriffen, dass hier etwas nicht in der gewohnten Ordnung war, etwas sehr Ernsthaftes.

Schnell verließ sie die Küche und Frau Hansen bat:

„Bitte, Frau Berger, reden Sie mit niemandem darüber. Wenn sich das herumspricht, können wir gleich den Ponyhof schließen."

„Keine Bange, ich erzähle nichts, aber wenn Sie erlauben, werde ich mit meinem Mann darüber sprechen. Er hat viele Kontakte und geschäftliche Verbindungen, auch zu den Banken, bis in die Chefetagen. Eventuell können Sie bei der Bank um einen Aufschub bitten, dann hätten Sie Zeit gewonnen, um nach einer geeigneten Lösung zu suchen. Frau Hansen, weinen Sie nicht, das bringt nichts. Es gibt immer eine Lösung, für jedes Problem, glauben Sie mir."

„Danke, Frau Berger, Ihre Worte haben mir so gut getan, danke."

„Lassen Sie uns am Wochenende nochmal in Ruhe über die Sache reden, vielleicht sieht die Welt dann schon wieder freundlicher aus."

„In Ordnung, auf Wiedersehen, Frau Berger."

„Frau Hansen, alles wird gut, auf Wiedersehen."

## Nele und Tessas zündende Ideen

Nach dem Abendessen räumten die Zwillinge freiwillig das schmutzige Geschirr in die Spülmaschine ein. Das war verdächtig. Gespannt wie ein Flitzebogen standen sie anschließend in der Küche und schauten ihre Mutter erwartungsvoll an. Würde sie die Meinungsverschiedenheit mit der Klassenlehrerin und die Aussprache mit dem Direktor heute Abend noch zum Thema machen? Irgendwie schien Celine gedankenverloren.

Die Kinder fragten sich, ob sie die Angelegenheit bereits vergessen hatte oder ob ihr was anderes auf der Seele lag?

„Es ist schon recht spät, ihr solltet schlafen gehen", riet Celine.

Die Mädchen gaben ihren Eltern einen Hauch von Gute-Nacht-Kuss auf die Wangen und eilten die Treppe hinauf. Im Flur des oberen Stockwerks blieben sie stehen und nahmen das Geräusch eines Weinkorkens wahr, der in diesem Moment aus einer Flasche herausgezogen wurde.

„Blupp" machte es.

„Hörst du? Mama und Papa picheln sich einen", flüsterte Tessa.

Nele nickte und fügte hinzu: „Entweder sprechen sie jetzt über den Vorfall in der Schule oder Mama berichtet Papa, dass es bei Hansens einen Streit gab, und dass Oma Hansen geweint hat."

„Meinst du wirklich?"

„Na klar, ist doch logisch."

„Dann sollten wir uns auf die obere Treppenstufe setzen und hören, was sie sagt."

„Du meinst, wir sollen lauschen?", fragte Nele.

„Natürlich, vielleicht geht es um Mozart. Stell dir vor, wenn er nun doch verkauft wird, obwohl wir uns so viel Mühe mit ihm geben. Nele, wir müssen lauschen!"

„Okay." Beide Mädchen setzten sich auf die oberste Stufe und schoben sich die seitlichen Haarsträhnen hinter die Ohren, um besser hören zu können:

„Sebastian, ich habe heute Nachmittag mit Frau Hansen gesprochen", hörten sie die Stimme ihrer Mutter. „Weißt du, dass beide große Probleme haben?"

„Wieso, sind sie etwa krank?"

„Nein, das nicht. Sie sind hoch verschuldet. Frau Hansen zeigte mir einen Brief von der Bank, in dem sie aufgefordert werden, einen Geldbetrag von 195.000 Euro binnen sechs Wochen zurückzuzahlen; andernfalls werde der Ponyhof versteigert."

„Ach du dickes Ei, das ist ja schrecklich. Und wie wollen sie aus dieser Nummer wieder rauskommen?"

„Tja, das ist ja das Problem. Frau Hansen ist sehr pessimistisch und sieht keinen Ausweg mehr. Ich dachte, dass du vielleicht mal mit ihnen reden könntest, da du viele Kontakte hast."

„Ach Celine, bitte halt mich aus der Sache raus. Wenn bereits von einer Zwangsversteigerung die Rede ist, ist meistens nichts mehr zu retten …“

„Hatschi, hatschi“, klang es von oben herab. Celine rannte zur Treppe und blickte in die erschrockenen Gesichter der Zwillinge. Tessas lautes Niesen hatte die Kinder verraten und des Lauschens überführt.

„Der Lauscher an der Wand hört seine eigene Schand“‘, rief Celine nach oben. Doch die Mädchen ignorierten den Satz und Nele fragte aufgeregt: „Mama, Mama, ist das wahr, haben Hansen tatsächlich Schulden?

Was wird denn jetzt mit den Ponys und vor allem aus Mozart? Wir müssen ihn doch nicht hergeben, oder?“

„Aber nein, schließlich haben wir ihn gemietet und wenn er weiterhin so tolle Fortschritte macht, werden wir ihn sicherlich auch noch längere Zeit behalten. Macht euch keine Sorgen.“

Beide Mädchen waren zwischenzeitlich wieder nach unten gekommen und bombardierten ihre Eltern mit weiteren Fragen.

„Wird der Ponyhof verkauft? Was ist eine Zwangsversteigerung? Müssen Hansens ausziehen? Was wird aus der schönen Stallgemeinschaft? Muss Graf Hollywood wieder zurück zu Herrn de Jong nach Holland?“

Fragen über Fragen, die Celine und Sebastian ihren Kindern, so gut es eben ging, zu beantworten versuchten.

Plötzlich meinte Nele: „Können *wir* den Ponyhof nicht kaufen?“

Sebastian und Celine lachten laut und Celine sprach: „Das fehlt uns gerade noch! Uns reichen zwei quicklebendige, fantasievolle Töchter und ein schwieriges Schimmelpony völlig aus.“

„Aber dann könnte doch alles so bleiben, wie es ist“, pflichtete Tessa ihrer Schwester bei.

„Schluss jetzt mit dieser Schnapsidee, marsch, ins Bett und redet auf keinen Fall mit anderen Leuten darüber“, befahl Celine.

Die Zwillinge stapften die Treppe hinauf und versprachen, über die Angelegenheit zu schweigen.

Sowohl Sebastian als auch Celine schliefen sehr unruhig. Die finanziellen Sorgen von Hansens Ponyhof wollten nicht aus ihren Köpfen. Mitten in der Nacht bemerkte Celine, dass das Bett neben ihr leer war. Sie stand auf, zog ihren Bademantel über und schlich leise nach unten.

„Was sitzt du denn hier in der halbdunklen Küche?“, fragte Celine erstaunt.

„Ach, ich weiß auch nicht. Ich konnte nicht schlafen, und jetzt denke ich nach.“

„Worüber denn?“

„Na, über das, was die Kinder gesagt haben. Ob man nicht den Ponyhof kaufen sollte?“

Celine knipste das Licht an und fragte fassungslos:

„Bist du von allen guten Geistern verlassen? Das kann doch wohl nicht dein Ernst sein?“

„Warum nicht?“, antwortete Sebastian. „Schau, Celine, wir sind jetzt Mitte dreißig. Wir haben zwei gesunde, wundervolle Töchter, ein herrliches Haus und beruflich läuft auch alles bestens.“

„Eben, alles bestens“, wiederholte Celine.

„Sollen wir mit diesem ‚Alles Bestens-Gefühl‘ die nächsten dreißig Jahre verbringen, bis wir dann, auch ‚bestens‘ in Rente gehen können?“

„Sebastian, worauf willst du hinaus?“

„Celine, ich bin Architekt. So ein Ponyhof mit den vielen Stall- und Nebengebäuden, das wäre eine ganz andere Hausnummer, eine architektonische Herausforderung für mich, verstehst du?“

„Nein, verstehe ich nicht. Für mich hast du einen architektonischen Sprung in der Schüssel, und zwar einen gewaltigen.“

„Schatz, ich habe gewusst, dass du mich nicht verstehst.“

„Sebastian, wir haben doch keinen blassen Schimmer von Pferde- bzw. Ponyhaltung, von Landwirtschaft und von Maschinen.“

„Müssen wir doch auch nicht. Schau, im Dachgeschoss des Hofes könnte man ein sagenhaftes Büro gestalten mit einem Giebel aus Glas. Das Hauptgebäude würden wir für uns und die Kinder umbauen, und in den Nebengebäuden könnten zwei neue, moderne Wohneinheiten entstehen. Eine für die Hansens und eine weitere zum Beispiel für einen Reitlehrer. Herr Hansen soll auf jeden Fall auch künftig den Hof bewirtschaften. Natürlich müssen wir ein neues Konzept erarbeiten, damit der Hof wirtschaftlich rentabel wird, aber das kommt später. Was hältst du davon?“

„Gar nichts.“

„Celine, wir würden auf einem Hof leben und ich könnte gleichzeitig dort arbeiten. Mitten im Grünen, in einem landschaftlichen Juwel. Vorbei wären die lästigen Fahrten in die Stadt, in ein Büro, wo ständig Stress, Lärm und Hektik herrschen. Die Kinder fühlen sich auf dem Ponyhof ebenfalls pudelwohl, und ich auch.“

„Schön, und wer fragt mich?“

„Ich frage dich.“

„Und was wird aus unserem herrlichen Haus?“

„Nun, das müssten wir verkaufen, sonst ist es finanziell nicht zu bewältigen.“

Celine nahm eine Flasche Milch aus dem Kühlschrank, setzte sich auf einen Stuhl und trank einen Schluck aus der Flasche.

Sie seufzte und betrachtete dabei ihre elegante, mit allem Schnickschnack ausgestattete Küche, als sähe sie diese heute zum allerersten Mal.

„Unser schönes Haus. Nein, Sebastian.“

Zwei winzige Tränen kullerten über ihre rosigen Wangen. Sebastian nahm ihr die Flasche aus der Hand, setzte sie an den Mund und trank sie in einem Zug aus.

„Schatz, in Gedanken habe ich bereits den umgebauten Ponyhof vor Augen, du wirst staunen, und die Kinder auch.“

Er schaute auf die Küchenuhr und stellte überrascht fest, dass es schon drei Uhr in der Früh war.

„Sobald sich die Gelegenheit ergibt, spreche ich mit Herrn und Frau Hansen. Komm, lass uns schlafen gehen. Wir werden das alles in Ruhe bereden, das verspreche ich dir … und das allerletzte Wort hast du, Celine. Du ganz allein.“

Die nächsten Tage auf der neuen Schule gestalteten sich erfreulicherweise unproblematisch. Sowohl die Lehrpersonen als auch Mirco und die übrigen Schul- und Klassenkameraden gewöhnten sich schnell an die Begegnungen mit den eineiigen Zwillingen. Von den Unstimmigkeiten des ersten Schultages war nichts mehr zu spüren.

Auch mit dem aktuellen Stundenplan konnten die Zwillinge gut leben. Von montags bis freitags hatten sie jeweils sechs Stunden Unterricht und an den Samstagen war grundsätzlich schulfrei. Dienstags schloss sich nach der letzten Stunde der Musikunterricht des Schulorchesters an, und mittwochs fuhren die Mädchen nach wie vor zu ihrer Musiklehrerin Frau Lingen.

Diese war hocherfreut, als sie nach den Sommerferien feststellte, dass Nele und Tessa fleißig geübt hatten.

„Super, ihr habt tolle Fortschritte gemacht“, lobte sie die Kinder.

Das stetige Vorspielen für Mozart morgens und abends hatte sich äußerst positiv auf ihr Geigenspiel ausgewirkt. Normalerweise war genau das Gegenteil der Fall, und häufig entwickelten sich die Musikschüler in den Ferien zu wahren Faulpelzen.

Über das Lob ihrer Musiklehrerin freuten sich die Mädchen sehr.

Jeden Abend wurden die Zwillinge, meist von ihrem Vater, vom Ponyhof abgeholt. Bei dieser Gelegenheit hatte Sebastian Herrn und Frau Hansen auf ihre finanziellen Probleme angesprochen und gleichzeitig auf die Möglichkeiten einer eventuellen Lösung hingewiesen. Das weckte die Neugier und die Hoffnung des älteren Ehepaares, und sie luden Familie Berger am nächsten Sonntagnachmittag zu einem Gespräch bei Kaffee und Kuchen ein.

Als Celine, Sebastian, Nele und Tessa mit einem großen, bunten Blumenstrauß das Wohnhaus der Familie Hansen betraten, nahmen sie nicht wie sonst üblich in der Küche Platz, sondern in Hansens guter Stube; einem kleinen, mit rustikalen Möbeln eingerichteten Raum, in dessen Mitte sich ein rechteckiger Esstisch mit sechs schweren Stühlen aus Eichenholz befanden.

Frau Hansen hatte zur Feier des Tages eine weiße Tischdecke aufgelegt, auf der das Kaffeegeschirr mit dem blau-weißen Zwiebelmuster und den dazugehörenden, passenden Servietten sehr hübsch zur Geltung kam. In der Mitte des Tisches war eine ovale Kuchenplatte platziert, auf der eine Biskuitrolle mit frischen Erdbeeren thronte. Beim Anblick dieser Köstlichkeit lief den Kaffeegästen das Wasser im Munde zusammen.

„Hm, toll, eine Erdbeerrolle", riefen die Zwillinge begeistert.

„Haben Sie die selber gebacken?", wollte Celine wissen und Frau Hansen erklärte, dass bei ihr nur Selbstgebackenes auf den Tisch komme.

Die Bergers staunten und Tessa plauderte munter aus, dass sie den Kuchen ausschließlich in einer feinen Bäckerei in Bad Rankershausen kaufen würden.

Beim gemütlichen Plausch schrumpfte die Biskuitrolle zusehends und die Zwillinge mampften ein Stück nach dem anderen, sodass es Celine fast unangenehm war.

Mit Sätzen wie „Volle Kanne lecker!" oder „Der Kuchen ist echt der Hammer!" machten sie Frau Hansen das schönste Kompliment.

„Opa Hansen, wir möchten fragen, wann wir Ihrer Meinung nach Mozart zum ersten Mal reiten können?", sprach Nele; beide Kinder blickten ihn erwartungsvoll an. Herr Hansen kratzte wieder hinter seinem Ohr.

„Ehrlich gesagt, habe ich auch schon darüber nachgedacht, und ich denke, dass ihr es bald versuchen könnt. Eventuell nächsten Sonntag?"

„Oh super, echt super", kreischten die Mädchen vor Begeisterung und Sebastian versuchte, sie zu beruhigen.

Doch Herr Hansens Äußerung brachte eine Lawine ins Rollen und Tessa rief:

„So ein Mist, wir haben gar keinen Sattel und auch keine Trense. Als wir letzte Woche Julia und Annabell gefragt haben, ob sie uns demnächst ihre Ponyausrüstung leihen würden, haben beide abgelehnt, da sie Angst haben, dass Mozart ausflippt und dabei das Sattelzeug kaputtgeht."

Herr Hansen blickte seine Frau fragend an, die den Blick erwiderte und leicht nickte. Daraufhin erhob sich der Hausherr, ging aus dem Zimmer und kam wenige Minuten später mit einem braunen Ponysattel auf dem Arm und einer braunen Trense, die er in der rechten Hand hielt, zurück.

„Schaut mal, was haltet ihr hiervon?"

Nele und Tessa hielt nichts mehr auf ihren Stühlen.

„Cool, mega-geil", klang es parallel aus ihren Mündern, wobei Tessa kritisch anmerkte: „Das ist aber ein alter Oschi, haben Sie auf dem Sattel geritten, als Sie klein waren?"

Herr Hansen lachte und antwortete:

„Also, so alt ist der Sattel auch wieder nicht, aber er wird wohl dreißig Jahre auf dem Buckel haben, und die Trense ebenso. Das Leder ist inzwischen ziemlich rissig und brüchig geworden, es müsste dringend gefettet werden. Habt ihr Lust, das draußen vor Mozarts Stall zu machen?"

„Oh toll, natürlich machen wir das."

„Okay, dann kommt mit mir, ich gebe euch das dafür notwendige Lederfett und zeige euch, wie es gemacht wird."

„Wie heißt das Zauberwort?", fragte Sebastian.

„DANKE", riefen die Mädchen. Sie waren Feuer und Flamme und verließen gut gelaunt mit Herrn Hansen die gute Stube.

„Zuerst wollen wir ausprobieren, ob der Sattel auch passt“, erklärte Herr Hansen, während sie quer über den Hof gingen. Als sie von den Ponys wahrgenommen wurden, wieherten beide leise.

„Aha, das ist ein gutes Zeichen. Sie freuen sich, euch zu sehen“, erläuterte Herr Hansen und die Mädchen waren total happy. Er öffnete die Stalltüre und Nele und Tessa legten Mozart ein Halfter an. Mit einem geflochtenen Führstrick führten sie ihn aus der Box und banden ihn vor dem Stall an.

Herr Hansen, der noch immer den braunen Ponysattel auf dem Arm hielt, stellte sich dicht neben Mozart und sprach beruhigend auf ihn ein.

„Tessa, bitte stell den CD-Player an, damit sich unser Sensibelchen wohlfühlt.“

Das Mädchen prüfte, welche CD sich im Gerät befand und drückte anschließend auf die Play-Taste. Sekunden später ertönte eine wunderschöne Walzermelodie und sowohl Mozart als auch der kleine Graf, der sich noch im Stall befand, schnaubten zufrieden.

Lobend klopfte Herr Hansen auf den Hals des Schimmelponys, ehe er den Sattel behutsam auf Mozarts Rücken legte. Dieser zuckte leicht, als wolle er sagen, nanu, was ist denn das für ein Ding? Doch er blieb ziemlich ruhig stehen und ließ sich das Auflegen des Sattels brav gefallen.

„Na also“, stellte Herr Hansen zufrieden fest. „Der Sattel liegt super.“

Wir werden ihn jetzt täglich auflegen, damit Mozart sich daran gewöhnen kann; schließlich wissen wir nicht, ob er schon jemals mit Sattel geritten wurde, einverstanden?“

„Einverstanden!“

Herr Hansen nahm den Sattel wieder runter und schwang ihn auf einen Sattelbock, der etwas abseits windgeschützt unter einem Schleppdach stand.

Aus einem zweitürigen, quietschenden Schrank, der sich in der großen Scheune befand, holte er das Lederfett, ein Schwämmchen und einige alte Lappen. Präzise erklärte er den Kindern, wie sie das Zaumzeug pflegen sollten.

„So, jetzt habt ihr was zu tun. Wenn ihr damit fertig seid, kommt ihr wieder ins Haus, okay?“

Doch das Geschwisterpaar verhielt sich seltsam unschlüssig, als läge ihnen noch etwas auf dem Herzen. Herr Hansen stutzte und fragte:

„Ist noch was?“

Nele und Tessa holten ihre Putzkoffer aus dem Spind und öffneten sie. Es kamen zwei kleine, rote Büchlein zum Vorschein, die sie tags zuvor von zu Hause mitgebracht und in den Putzkoffern versteckt hatten.

„Opa Hansen“, stotterte Tessa, „wir haben gehört, dass Sie momentan viel, viel Geld für den Ponyhof brauchen. Hier sind unsere Sparbücher, damit können Sie Geld abheben. Nele hat 287 Euro gespart und ich 264 Euro, das sind zusammen 551 Euro.“

Stolz reichten die Mädchen Herrn Hansen die Sparbücher.

Dieser war sehr gerührt und nahm beide Kinder herzlich in die Arme.

„Danke, Tessa, danke, Nele, das ist ganz lieb und großartig von euch, aber ich kann und möchte das auf keinen Fall annehmen. Wir werden mit Sicherheit einen anderen Ausweg finden. Macht euch keine Sorgen. Und das Geld solltet ihr auf euren Sparbüchern lassen. Da ist es gut aufgehoben. Wenn ihr wollt, könnt ihr eure Eltern fragen, ob sie euch davon eine Reitsicherheitsausrüstung kaufen wollen. Also eine Reitkappe und eine Reitsicherheitsweste. Das wäre sinnvoll, ansonsten lasse ich euch nicht auf Mozart reiten."

„Hm, in Ordnung, wir besprechen das mit Mama und Papa", beschloss Nele, und die Zwillinge steckten die Sparbücher in ihre Jackentaschen.

„In Ordnung", antwortete Herr Hansen und ging nachdenklich zurück ins Haus.

„Sie haben wirklich außergewöhnliche Töchter", schwärmte Herr Hansen, als er das Zimmer betrat. Während er sich ein weiteres Stück Biskuitrolle gönnte, berichtete er, dass die Mädchen soeben ihre Sparguthaben zur Rettung des Hofes zur Verfügung stellen wollten.

Sebastian und Celine konnten es kaum fassen, doch Herr Hansen fügte hinzu: „Beide glauben an das Gute, sowohl bei Menschen als auch bei Tieren, das gefällt mir!"

Toni Hansen nahm einen Schluck Kaffee aus seiner Tasse und sprach:

„So, die Zwillinge sind für die nächsten zwei Stunden beschäftigt, nun können wir uns ernsteren Themen zuwenden."

Und er erzählte Celine und Sebastian, wie es zur finanziellen Schieflage des Ponyhofes gekommen war.

Dabei schwelgte er in Erinnerungen. Er berichtete, dass der Ponyhof stets ihre Existenz und ihr absoluter Lebensmittelpunkt gewesen sei. Und dass vor Jahren die Banken großzügig bei der Vergabe von Krediten waren, und dass das Unglück mit dem Kauf des roten Traktors seinen Lauf genommen hatte.

„Danach haben sich die Dinge anders entwickelt, nicht zuletzt durch die Finanz- und Eurokrise, und die damals so freundlichen Banker drehten uns kurzerhand den Geldhahn zu", seufzte Herr Hansen. „Das sind alles gewiefte Geschäftsleute", stellte er enttäuscht fest. „Wenn es ums Geld geht, hört der Spaß auf."

Er deutete auf seine Brust und sprach: „Da, wo man früher ein Herz hatte, haben die Menschen heute einen Taschenrechner. Eine wirklich üble, traurige Entwicklung ist das. Und jetzt haben sich unsere Probleme nochmals drastisch verschärft und der Hof steht kurz vor dem Ruin. Tja, zurzeit ist unser Leben ein einziger, dampfender Misthaufen!"

Er seufzte erneut und schaute zu seiner Frau, die still zugehört hatte.

„Hm, das ist eine schlimme Situation", stellte Sebastian nüchtern fest. „Ein wirklich harter Brocken, daran haben Sie schwer zu schlucken, keine Frage. Dennoch möchten wir Ihnen einen Vorschlag unterbreiten, über den Sie in Ruhe nachdenken sollten."

Sebastian erzählte langsam und verständlich, wie man die finanzielle Notlage überwinden könnte. Er berichtete von seiner gut florierenden Arbeit als Architekt, dem neuen Haus, das als Sicherheit galt, und dass man aus dem wunderschönen alten Gehöft der Hansens mit der Handschrift moderner Architektur etwas einmalig Schönes schaffen könnte. Gespannt lauschten Herr und Frau Hansen zu.

„Wenn wir auf Ihren Vorschlag eingehen, dann gehört Ihnen demnächst der Hof und meine Frau und ich stehen mit leeren Händen da", fügte Herr Hansen kritisch an.

Doch Sebastian erklärte beiden, dass den Bergers nach den Investitionen nur das Wohnhaus und das Nebengebäude mit zwei Wohneinheiten gehören würden. Die Stallungen, die Reithalle, die Wiesen und Äcker und alle Maschinen würden selbstverständlich auch weiterhin in Hansens Besitz bleiben. Außerdem könnten sie in eine der neuen Wohnungen mietfrei einziehen und dort den nächsten Lebensabschnitt genießen.

„Sie sind und Sie bleiben der Chef vom Ponyhof", untermauerte Sebastian.

„Und Ihre Schulden wären Sie auf einen Schlag los. Wir wären sozusagen Partner, Herr Hansen. Ich der Architekt und Sie der Landwirt. Und ohne Ihre fachliche Kompetenz läuft hier gar nichts. Jeder hat seinen eigenen Aufgabenbereich. Überlegen Sie es sich und lassen Sie sich dabei Zeit.

„Zeit haben wir nicht. Uns steht das Wasser bis zum Halse, wir müssen rasch handeln", fügte Frau Hansen traurig hinzu.

Die Zeit verflog und plötzlich platzten Nele und Tessa ins Zimmer. Nele hielt stolz die gefettete Trense in die Höhe und Tessas Augen leuchteten, da sie den Sattel ebenso tüchtig eingefettet und gewienert hatte. Er glänzte und sah toll aus.

„Schaut mal, cool, was?", strahlten sie die Erwachsenen an, „und die Ponys haben wir auch geputzt."

„Was würdet ihr denn dazu sagen, wenn wir künftig zusammen auf dem Ponyhof leben würden?", fragte Frau Hansen gespannt.

„Echt? Wirklich? Das wäre voll krass, der absolute Megahammer!“, riefen die Mädchen begeistert.

„Und außerdem ist das *meine* Idee“, stellte Nele mit Genugtuung fest.

„Also, lasst uns mal darüber schlafen“, bat Herr Hansen „und dann sehen wir weiter.“

„Wo würden wir denn während der Umbaumaßnahme wohnen?“, fragte Frau Hansen besorgt. Na so was, darüber hatte keiner so recht nachgedacht. Alle stutzten.

„Tja, es müsste auf jeden Fall auf dem Hof oder in der Nähe des Hofes sein, da wir die Verantwortung für alle Tiere haben. Eventuell bei Andreas, unserem Nachbarn“, kam es Herrn Hansen in den Sinn.

„Ich hab’s“, rief Tessa entfesselt.

„Unser Mobilheim! Papa, Mama, können wir nicht unser Mobilheim aus Südfrankreich holen? Darin könnten Opa und Oma Hansen prima wohnen. Man könnte es sogar so hinstellen, dass man direkt in den schönen, blühenden Garten schaut.“

„Ein Mobil-Haus?“, stotterte Frau Hansen.

„Ein Mobilheim“, erklärte Celine. „Das ist ein wohnwagenähnliches Gefährt, nur viel, viel komfortabler. Eigentlich ist es zu Urlaubszwecken gedacht, aber man kann durchaus eine gewisse Zeit angenehm darin leben. Hin und wieder kommt es vor, dass man es zweckentfremdet, zum Beispiel als Überbrückung während einer Bauphase. Wie in unserem Fall, eventuell.“

„Hm, theoretisch ist das schon machbar, aber der Transport würde viel Geld kosten und ist äußerst zeitaufwändig. Ich werde mich auf jeden Fall danach erkundigen“, versprach Sebastian.

Nachdem alle noch einmal hinaus auf den Innenhof gegangen waren und das Gemäuer des alten Gehöfts von außen betrachtet hatten, bedankten sich Celine, Sebastian und die Zwillinge für den leckeren Kuchen und man vereinbarte, dass beide Parteien über das gemeinsame Projekt nachdenken wollten.

Beim Verlassen des Hofes winkten die Mädchen Herrn und Frau Hansen fröhlich zu und jeder machte sich dabei Gedanken, ob es tatsächlich für alle zu den veränderten Lebensumständen auf dem Ponyhof kommen würde.

Am Abend konnten die Zwillinge nicht einschlafen. Sie ließen den vergangenen Nachmittag mit Freude Revue passieren. In ihren Köpfen drehte sich alles um Mozart, Graf Hollywood, den Sattel, das Zaumzeug und um die Musikauswahl für das erste Reiten auf Mozart.

Sie fieberten dem nächsten Sonntag entgegen und überlegten, ob sie Mozart mit einem einfühlsamen Schlummerlied oder mit eher klassischen Tönen auf die erste Reitstunde vorbereiten sollten. Auf jeden Fall bevorzugten die Mädchen eine ruhige Melodie und nicht etwa einen Marsch, eine Polka oder irgendein Remmidemmi-Lied.

Tessa sprühte nur so vor fantasievollen Eingebungen. Spät in der Nacht kroch sie zu Nele ins Bett und flüsterte: „Du Nele, ich habe eine super, supergeile Idee."

Nele war auf die Sekunde hellwach und sagte: „Schieß los."

„Du weißt doch, dass Mama und Papa, als sie sich gerade kennengelernt hatten, gemeinsam zu einem Konzert des Sängers Peter Maffay nach Bremen gefahren sind."

Nele nickte.

„Und dann hat Papa, während Peter Maffay ein ganz bestimmtes Lied gesungen hat, ihr einen Heiratsantrag gemacht."

„Stimmt, so erzählen sie es immer."

„Papa war sich total sicher, dass Mama die Richtige für ihn war, und dass er niemals eine andere Frau haben wollte." – „Genau."

„Dann lass uns doch dieses Lied für Mozart spielen. Ich habe mir das folgendermaßen vorgestellt: Du spielst das Lied auf der Geige, und ich singe dazu den Text. Dann warten wir ab, wie Mozart reagiert, und falls er ruhig bleibt, werde ich aufsteigen und ihn reiten, danach bist du dran."

„Oh, cool, Tessa, bist du sicher, dass es klappt?"

„Ich hoffe es."

„Meinst du, es ist das richtige Lied für diesen Anlass?"

„Selbstverständlich, Nele! Wir haben ihn doch so lieb und wollen nur ihn und kein anderes Pony auf der ganzen Welt, oder etwa nicht?"

„Doch, doch, wir wollen nur ihn, ihn behalten, für ihn sorgen, ihn reiten und ihn niemals hergeben."

„Eben, und deshalb werden wir genau dieses Lied spielen. Mama und Papa werden sprachlos sein.

Morgen Abend fahren sie zur Muckibude zum Fitnesstraining. Das ist die Gelegenheit für uns, ihren Computer einzuschalten und über die Internet-Suchmaschine die Noten für dieses Lied herauszufinden. Wir drucken sie aus und Mittwoch nehmen wir sie mit zu Frau Lingen, da können wir das Lied super üben."

„Tessa, das ist eine bärenstarke Idee."

„Find ich auch, ich bin schon ganz aufgeregt, wenn ich daran denke."

„Aber Tessa, wir dürfen doch gar nicht alleine an Papas Computer.“

„Hast du einen besseren Plan?“

Nele schüttelte nachdenklich den Kopf.

„Na siehst du, wir haben gar keine andere Wahl, Nele. Das wird der absolute Hammer, glaube mir, und außerdem ist es ein total schönes Lied. Es wird Mozart bestimmt gefallen. Komm, lass uns versuchen zu schlafen. Darf ich in deinem Bett bleiben?“

„Na klar.“ Tessa schmiegte sich eng an ihre Zwillingsschwester und beide Mädchen fielen in einen traumverlorenen Tiefschlaf.

## Veränderungen für alle

Sebastians Handy klingelte pausenlos. Verschiedene Termine mit Bauunternehmern, Handwerkern, dem Bauamt von Bad Rankershausen und Bauinteressierten setzten ihn mächtig unter Stress. Dennoch fand er heute zeitlich eine Lücke, um abzuklären, ob der Transport des Mobilheims von der Côte d’Azur nach Niedersachsen möglich wäre. Das Resultat war ernüchternd.

Wie Sebastian bereits vermutet hatte, wären sowohl der zeitliche als auch der logistische Aufwand kaum zu bewältigen. Zudem würde das finanzielle Budget jeglichen Rahmen sprengen.

Außerdem war es nahezu unmöglich, das gigantische Gefährt per Schwertransporter über Berge und Täler quer durch die Länder zu rangieren. Alleine in Deutschland wären die schriftlichen Genehmigungen dreier Bundesländer für den Transport einzuholen, was vermutlich Monate dauern würde.

Als Sebastian das Problem in Gegenwart von Bauunternehmer Stefan Krause, Julias Vater, auf der Baustelle ansprach, wurde dieser hellhörig.

„Wollt ihr euer Mobilheim verkaufen?“, fragte er interessiert.

„Nein, eigentlich nicht“, antwortete Sebastian und er erläuterte, weshalb das Mobilheim einen neuen Standort auf Hansens Ponyhof bekommen sollte.

„Hm, Brigitte ist eine glühende Frankreich-Verehrerin. Ich werde sie fragen, ob das Teil nicht eine gute Urlaubsvariante für *uns* wäre. Mit dem Geld könntest du ein neues, geräumigeres Mobilheim direkt in Holland erwerben, wo die Wagen hergestellt werden. Dann wäre der Transport nur ein Katzensprung und wesentlich preiswerter.“

„Stefan, das ist eine ganz tolle Idee und wäre die einfachste Lösung. Sobald du mit Brigitte gesprochen hast, gib mir bitte Bescheid.“

„Mach ich“, sagte Stefan Krause und wandte sich wieder seiner Arbeit zu.

Am späten Nachmittag trafen sich beide Männer erneut auf dem Ponyhof. Stefan hatte bezüglich des Mobilheims bereits mit seiner Frau telefoniert und bekundete tatsächlich Interesse, es zu kaufen.

„Kannst du mir bitte einige Fotos eures Mobilheims mailen?“, bat er und Sebastian versprach, es noch am Abend zu erledigen.

Zuvor wollten Sebastian und Celine wie jeden Montagabend ins nahegelegene Fitnessstudio fahren, um sich unter den Anweisungen eines Personal Trainers sportlich zu betätigen.

Tessa und Nele konnten es kaum erwarten, bis ihre Eltern das Haus verlassen hatten.

„Lasst keinen Fremden herein“, gab Celine letzte Anweisungen. „Wir sind spätestens kurz nach acht wieder zurück.

„Okay, bis später“, riefen die Zwillinge und lümmelten sich währenddessen scheinbar gelangweilt auf dem Sofa hin und her.

Endlich fiel die schwere Haustüre ins Schloss und die Kinder genossen ihre sturmfreie Bude. Tessa fuhr augenblicklich den PC hoch, der in einem klitzekleinen Büro, das an das Wohnzimmer angrenzte, seinen Platz hatte. Doch dann stutzte sie.

„Verflixt, ich weiß das Passwort nicht.“

„teleseline“, half ihr Nele auf die Sprünge.

„Häh, was?“

„t e l e s e l i n e“, wiederholte Nele, aber Tessa verstand nur Bahnhof. „te steht für **Te**ssa, le für Ne**le**, se für **Se**bastian und line für Ce**line**. Ergibt: teleseline, und alles wird klein geschrieben.“

„Krass, echt krass, Nele, woher weißt du das?“, wollte Tessa wissen, während sie die entsprechenden Buchstaben eingab und anschließend die Enter-Taste drückte.

„Ach, ich hab schon häufig beobachtet, wenn Mama oder Papa das Passwort eingegeben haben.“

„Willkommen“ lasen die Mädchen auf dem Bildschirm, das Passwort war geknackt. Ruckzuck hatte Tessa über die Internet Suchmaschine die Noten des Peter Maffay-Liedes herausgefunden. Sie stellte den Drucker an, dann waren es nur noch wenige Mausklicks, bis die gewünschten Noten aus dem Drucker ratterten.

Die Zwillinge freuten sich, klatschten ihre Handflächen gegeneinander, entnahmen die Noten und fuhren den PC wieder runter. Anschließend versteckte Tessa die wichtigen Unterlagen in ihrem Zimmer.

„Wenn das rauskommt, haben wir wieder mächtig Ärger an der Backe“, stellte Nele besorgt fest.

„Ach Quatsch, wie soll das rauskommen? Außerdem ist das nur zum Wohle von Mozart“, lenkte Tessa ab.

In dem Moment klingelte das Telefon. Die Mädchen schauten neugierig auf das Display des mobilen Festnetzgerätes und riefen wie aus einem Munde:

„Oma, Oma Helga!“

Nele drückte auf die kleine grüne Taste und führte das Telefon an ihr rechtes Ohr.

„Hallo Oma, wie geht es dir? … ja, uns geht es auch gut. Mama und Papa sind zur Muckibude und wir … wir lernen, hi hi hi.“ Nele und Tessa grinsten.

„… ja, in der neuen Schule klappt es ganz gut. Nur am ersten Tag gab es Zoff. Die wollten uns in unterschiedliche Klassen unterbringen, da sind wir einfach abgehauen. Nachmittags mussten wir zum Direktor. Jetzt sind wir zusammen in der 5 a. Mama hat das geregelt. …nee Oma, sonst gibt es nichts Neues. Ach ja, wir kaufen vielleicht einen Ponyhof. … doch Oma, wirklich! … unser Haus wird verkauft, also nur, wenn Mama es auch möchte. … Oma, ich habe nichts falsch verstanden. Das stimmt! … okay, Mama ruft gleich zurück. … Tschüüüss, Küsschen für Opi, Tschööö …“

„Tessa, Oma ist echt balla-balla; sie glaubt mir nicht, dass wir vielleicht den Ponyhof kaufen."

„Sie ist ja auch schon alt", fand Tessa, „und Opa auch."

Die Zwillinge zappten mit der Fernbedienung des Fernsehapparates durch sämtliche Programme, bis plötzlich Celine und Sebastian in ihren blau-weißen Trainingsanzügen wieder auf der Matte standen.

„Na ihr, alles klar?", fragte Celine und fuhr mit beiden Händen durch ihre verschwitzten Haare.

„Oma Helga hat angerufen. Sie hat mir nicht geglaubt, dass wir einen Ponyhof kaufen wollen. Sie meinte, ich hätte da bestimmt etwas falsch verstanden. Manchmal behandelt Oma uns, als wären wir Babys."

„Nele, du hast Oma doch hoffentlich nicht erzählt, dass wir unser Haus verkaufen?"

„Doch, Mama, hab ich. Oma war sprachlos und meinte, du sollst sie dringend zurückrufen."

„Na toll, das hat mir gerade noch gefehlt. Sebastian, es ist deine Mutter, bzw. deine Eltern, bitte regele du das. Da habe ich heute wirklich keinen Nerv zu."

„Aber Schatz, ich wollte doch Stefan die Fotos unseres Mobilheims mailen."

„Das kannst du später, bitte telefoniere zuerst mit deinen Eltern.

Und ihr solltet schon längst im Bett sein. Los – Abmarsch", klang es auffordernd und Nele und Tessa schritten im Schneckentempo die Treppe hinauf.

Spät am Abend, als das Telefonat getätigt und die Mail verschickt war, saßen Celine und Sebastian frisch geduscht zusammen und tranken ein Glas Rotwein.

„Celine, eben hast du zu den Kindern gesagt, wir werden das Haus verkaufen. Heißt das, du hast dich für den Ponyhof entschieden?"

„Sebastian, die Kinder sind dafür und du ebenso, also steht es 3:1. Ich versuche, dieser Veränderung viel Positives abzugewinnen. Vielleicht ergibt sich dadurch die Möglichkeit, wieder mehr als Ärztin zu arbeiten. Es wäre schön, wenn Frau Hansen das Kochen übernehmen könnte, für mich wäre es eine große Entlastung."

„Das macht sie bestimmt gerne", nickte Sebastian. „In den nächsten Tagen werden wir uns nochmal zusammensetzen und darüber reden. Ach übrigens, am Wochenende kommen meine Eltern zu Besuch. Von Samstag bis Montag, ich hoffe es ist dir recht."

„Wie bitte? Auch das noch!" Celine seufzte. „Sebastian, ich weiß zurzeit wirklich nicht, wo mir der Kopf steht. Und jetzt kommen auch noch deine Eltern."

Sebastian dagegen freute sich sehr, seine Eltern nach über drei Monaten wiederzusehen. Er würde ihnen auf jeden Fall das neue Seniorenzentrum zeigen, das er konzipiert hatte. Darauf war er mächtig stolz.

Die Woche verging wie im Fluge. Am Dienstag nach der Schule fuhren Celine und die Zwillinge ins Industriegebiet von Bad Rankershausen, dorthin, wo sich vor einigen Jahren ein Reitsportfachgeschäft niedergelassen hatte.

Dressur-, Spring- und Hobbyreiter von nah und fern suchten diesen Laden auf, um sich mit den neuesten Equipments des Reitsports einzudecken. Das schmucke Reiterlädchen hatte so ziemlich alles im Angebot, was das passionierte Reiterherz begehrte.

Von der Gerte bis zu den Sporen, von der Reithose bis zum hochwertigen Lederreitstiefel, vom handgefertigten Ledersattel über Trense, Kandare bis hin zu den teuersten Transportgamaschen für die heißgeliebten Vierbeiner, all das und noch vieles mehr standen dem interessierten Käufer in einem großen Sortiment zur Verfügung.

Celine, Nele und Tessa waren beim Anblick der verschiedenen Sportartikel hingerissen. Über zwei Stunden hielten sie sich in diesem Eldorado für Reitsportbegeisterte auf, ehe sie schwer bepackt mit zwei Reithelmen, zwei Reitsicherheitswesten sowie je einer Reithose und einem Paar Gummireitstiefel den Laden verließen.

Beim Bezahlen an der Kasse erhielten die Mädchen vom Geschäftsführer zwei Tüten Leckerlis, für Mozart und Graf Hollywood.

„Super, danke, da werden sich die Ponys freuen", riefen Nele und Tessa begeistert, ehe sie das Geschäft verließen und vollbepackt ins Auto einstiegen.

Die Helme und die Sicherheitswesten waren ein Geschenk ihrer Eltern. Hosen und Stiefel dagegen bezahlten Nele und Tessa von ihrem ersparten Geld, das sie zuvor von ihren Sparbüchern abgehoben hatten.

„Wenn ihr mit eurem ersparten Geld einen Ponyhof retten wollt, dann könnt ihr auch einen Teil eurer Ausrüstung selber bezahlen", argumentierte Celine.

„Hat Opa Hansen das erzählt?", wollte Tessa wissen. Celine nickte lächelnd.

Abends im Stall sorgten Nele und Tessa in ihrer neuen Kluft für großes Aufsehen.

Herr Hansen pfiff sogar durch die Zähne beim Anblick des Zwillingspärchens und rief: „Super, jetzt seht ihr aus wie zwei richtige Amazonen."

„Hähhh? Was ist eine Amazone?“, fragte Nele neugierig.

Herr Hansen lachte und erklärte: „Amazonen sind weibliche, meist schlanke Reiter in Reit- oder Turnierkleidung.“

„Aha.“ Stolz blickten sich die Zwillinge an und begaben sich mit ihren Leckerlis zu Mozart und dem kleinen Grafen, die beide beim Rascheln der Tüten laut wieherten.

Lukas lief ihnen mit einer mit Pferdemist beladenen Schubkarre über den Weg. Als er die Zwillinge sah, presste er seine schmalen Lippen zusammen und sagte kein Wort. Er litt noch immer unter der Schmach von Tessas Ohrfeige, denn seit diesem Streit ging er den Geschwistern bewusst aus dem Weg.

Für ihn waren die Zwillinge blöde Nervensägen und das ganze Getue mit den Geigen ging ihm nach wie vor mächtig auf den Geist.

Dennoch machte er sich beim Anblick der Zwillinge Gedanken, denn die Reitklamotten der Mädchen deuteten darauf hin, dass die Zwillinge bald versuchen würden, Mozart zu reiten ….

Und das wollte er auf gar keinen Fall verpassen.

Am Mittwochnachmittag hatten Nele und Tessa wie gewohnt Musikunterricht bei Frau Lingen. Die Kinder waren ziemlich aufgeregt, als sie ihr von ihrem außergewöhnlichen Vorhaben erzählten. Und die Musiklehrerin fand es durchaus lobenswert, dass Nele und Tessa sich der Herausforderung eines neuen, bestimmten Liedes stellen wollten.

Frau Lingen unterstützte und förderte sie, wann immer es ihr möglich war. Als Nele und Tessa ihr nun die Noten des Peter Maffay-Liedes zeigten und erklärten, dass Nele das Lied spielen und Tessa es singen wollte, erhielten die Kinder tatsächlich wertvolle Tipps, worauf sie beim Spielen dieser Melodie zu achten hatten, z. B. auf die richtige Tonart. Dabei war es Frau Lingen wichtig, dass beide Kinder versuchen sollten, das Lied fehlerfrei auf ihren Geigen zu spielen, um gleichzeitig ein Gefühl für den Rhythmus zu bekommen.

Nach einer guten Stunde Unterricht klappte es schon recht ordentlich.

„Wenn ihr das Lied in den nächsten Tagen dreimal täglich übt, werdet ihr es am Sonntag bei eurem großen Auftritt fehlerfrei spielen können“, machte Frau Lingen den Kindern Mut. Und somit endete die Musikstunde mit einer durchweg positiven musikalischen Motivation und das war für Nele und Tessa immens wichtig.

Am Donnerstag lernten die Zwillinge intensiv Vokabeln für eine Englischarbeit und Freitagnachmittag legte Celine ihren Töchtern nahe, endlich ihre Zimmer aufzuräumen, in denen es seit Tagen wie nach einem Bombenangriff aussah.

„Das müssen wir nur, weil morgen Oma und Opa kommen“, motzte Tessa missmutig herum, ehe sie alle herumliegenden Klamotten aufsammelte und in den Kleiderschrank pfefferte.

„Genau“, rief Celine aus dem Keller. „Auch ich muss das Apartment für eure Großeltern herrichten. Euer Vater hat mich ebenso vor vollendete Tatsachen gestellt, also beschwert euch bei ihm!“

Am Samstag, pünktlich um 12.00 Uhr mittags standen Sebastians Eltern vor der Türe. Die Begrüßung war sehr herzlich und von Oma Helga kam prompt der an die Zwillinge gerichtete, obligatorische Satz: „Ihr seid aber groß geworden!“

„Oma, das sagst du jedes Mal, wenn du uns siehst“, stellte Nele genervt fest und Opa Frank fügte lächelnd hinzu: „Dieses Mal stimmt es aber tatsächlich.“

Celine hatte vier Dosen geöffnet und den Inhalt in einen großen Topf geschüttet. Es roch köstlich nach Gulaschsuppe.

„Hm, lecker, Celine hast du die selber gemacht?“, fragte Sebastians Mutter begeistert, während alle die Suppe aßen.

„Nee, die ist aus der Dose“, platzte es aus Tessa raus und Opa Frank biss schmunzelnd in sein knuspriges Toastbrot.

Den Nachmittag verbrachten Celine mit Nele und Tessa auf dem Ponyhof, während Sebastian seine Eltern durch das funkelnagelneue, dreistöckige Seniorenzentrum am Rande des Kurparks von Bad Rankershausen führte. Von dem einladenden Haus, in dem großzügig „Betreutes Wohnen mit Service“ angeboten wurde, waren Sebastians Eltern äußerst angetan.

Helga und Frank waren super stolz auf ihren Sohn, der die Pläne dieser neuen Wohnanlage selbst entworfen hatte, und sein Vater klopfte Sebastian anerkennend auf die Schulter.

„Wir haben immer gewusst, was in dir steckt, Junge“, sprach er lobend.

Seit mehr als vierzig Jahren waren der dreiundsiebzigjährige Frank und die siebzigjährige Helga nun verheiratet. Sie lebten in einem schmucken Einfamilienhaus mit Garten in Hamburg Altona und genossen ihr Rentnerdasein in vollen Zügen. Helga, das zierliche, gutaussehende Modepüppchen, welches immer drauflosschnatterte, und Frank, ein eher zurückhaltender, besonnener Mann mit festen Grundsätzen, passten eigentlich so gar nicht zueinander. Trotzdem war es ihnen geglückt, über Jahrzehnte eine harmonische Ehe zu führen. Das imponierte selbst Sebastian.

„Also, hier würde ich auch gerne meinen Lebensabend verbringen“, schwärmte Helga euphorisch, als Sebastian ihnen eine weitere schicke Wohnung – er nannte sie scherzhaft „Die Präsidentensuite“ – zeigte.

„Ich auch“, fügte Frank ernsthaft hinzu und alle schauten sich verdutzt an.

„Ach was, ihr liebt doch die Großstadt und den Blick auf die Elbe“, meinte Sebastian lächelnd.

„Ja schon, aber wir werden doch nicht jünger, und die Gartenarbeit fällt mir von Jahr zu Jahr schwerer“, gab Frank ehrlich zu.

„Noch könnt ihr es euch überlegen“, schlug Sebastian vor, „diese schöne Wohnung mit grandiosem Blick über den herrlich angelegten Kurpark ist noch zu haben.“

Nun berichtete Sebastian seinen Eltern ausführlich, dass sie planten, das neue Haus am Stadtrand von Bad Rankershausen zu verkaufen.

„Dann stimmt es also doch, was Nele mir am Telefon mitgeteilt hat?“

„Ja, Mutter“, antwortete Sebastian, „die Kinder fühlen sich auf dem Ponyhof zu Hause und sind dort sehr, sehr glücklich. Außerdem liebäugelt Celine damit, wieder intensiver in ihrem Beruf zu arbeiten. Na, und für mich als Architekt ist es eine einmalige Herausforderung. So etwas habe ich noch nie gemacht und es reizt mich wirklich sehr.“ Sebastians Handy klingelte.

„Hallo, Schatz. Was? Das ist ja großartig. Toll! Oh, fantastisch. Das ist zu schön, um wahr zu sein … Natürlich, bis später… Tschüss.“

„Gute Neuigkeiten?“, wollte Helga wissen. Sebastian strahlte über das ganze Gesicht.

„Ja, unglaublich. Celine hat soeben mit den Hansens gesprochen. Sie sind mit den Umbaumaßnahmen ihres Hofes einverstanden. Und Stefan Krause möchte unser Mobilheim in Frankreich zu einem fairen Preis tatsächlich kaufen. Somit haben wir ausreichende finanzielle Mittel, um ein neues Mobilheim direkt in Holland zu erwerben, worin Herr und Frau Hansen für einen längeren Zeitraum wohnen können. Puh“, Sebastian atmete tief durch. „Das bedeutet für mich jede Menge Arbeit.“

„Und wenn es euch recht ist, ziehen *wir* im Frühjahr in diese tolle Seniorenresidenz ein“, schlug Sebastians Mutter begeistert vor.

„Ja, ich bin auch dafür, somit könnten wir ganz in eurer Nähe sein“, ergänzte Frank und ließ bewundernd seinen Blick über die gesamte Anlage schweifen.

„Das bedeutet für uns alle große Veränderungen“, brachte es Sebastian auf den Punkt.

„Egal, mit vereinten Kräften schaffen wir das“, untermauerte Frank das gemeinsame Vorhaben und Sebastian fügte grinsend hinzu: „Na, da werden Celine und die Kinder aber Augen machen …“

## Musikalische Wege ins Glück

Tessa hatte Durchfall und saß seit über zehn Minuten auf dem Klo.

„Mensch, Tessa, ich muss auch mal“, rief Nele, während sie energisch gegen die weiße Tür des Badezimmers hämmerte.

„Was ist denn hier los?“, fragte Celine und trat gähnend aus dem Elternschlafzimmer. In ihrem luftigen, geblümten Nachthemd und den nackten Füßen sah sie total kindlich aus.

„Tessa hat sich eingeschlossen, und ich muss auch mal“, berichtete Nele empört.

Sekunden später wurde im Innern des Badezimmers der Schlüssel herumgedreht und Tessa öffnete die Tür. Ihr Gesicht war leichenblass.

„Wie siehst du denn aus?“, fragte Celine erschrocken.

„Ich habe solche Bauchschmerzen“, jammerte Tessa.

„Mist, ausgerechnet heute“, stellte Nele entsetzt fest. „Tessa, heute ist *der* Tag. Du willst doch jetzt nicht schlappmachen, oder?“

„Nein, nein, aber ich bin sooo nervös, ich habe die ganze Nacht kaum geschlafen.“

„Schatz, ich bereite dir erst einmal einen Fencheltee zu“, sagte Celine und eilte barfuß die Treppe hinunter.

„Igitt“, Tessa verzog das Gesicht, als sie nur an Fencheltee dachte.

Sie ging zurück in ihr Zimmer, ließ sich ins Bett fallen, zog die Beine an ihren Körper und stöhnte mit geschlossenen Augen.

„Tessa, heute wollen wir Mozart reiten, das weißt du doch, oder kneifst du?“

Tessa öffnete ihre Augen und blickte in das entsetzte Gesicht ihrer Schwester.

„Sehe ich aus, als würde ich kneifen?“, fragte sie.

„Ehrlich gesagt, ja. Im Moment sieht es ganz danach aus.“

Tessa rappelte sich hoch und stammelte: „Ich denke, du musst aufs Klo, Nele?“

„Muss ich auch, ganz dringend sogar, aber wenn du nicht allmählich in die Gänge kommst, können wir das Reiten auf Mozart knicken.“

Bums, Nele schlug die Türe hinter sich mit einem schallenden Krach zu.

Als die Zwillinge mit ihren Eltern und Großeltern wenig später am Frühstückstisch saßen, bekam Tessa keinen Bissen herunter.

„Ohne Frühstück geht hier keiner aus dem Haus“, meinte Sebastian beharrlich, woraufhin Tessa ein halbes Toastbrot mit Erdbeermarmelade herunterwürgte.

Allmählich kam wieder Farbe in ihr Gesicht.

Celine legte prüfend ihre Hand auf Tessas Stirn, doch eine erhöhte Temperatur oder gar Fieber hatte sie offenbar nicht.

„Ihr solltet das Reiten verschieben“, schlug Sebastian vor.

Aber die Zwillinge riefen wie aus einem Mund: „Nein, auf gar keinen Fall!“

Beide Mädchen waren total aufgeregt und sie berichteten ihren Großeltern ausführlich von dem einst so ungestümen Mozart, den sie heute zum allerersten Mal reiten wollten.

Nele und Tessa gingen wieder in ihr Zimmer und zogen ihre Reithosen an. Sie hatten so lange auf den heutigen Tag hingearbeitet und wollten unbedingt zum Ponyhof. In Neles gemütlichem Zimmer übten sie noch einmal ganz leise das Lied auf ihren Geigen, das Nele später für Mozart spielen sollte. Im CD-Regal ihrer Eltern hatten sie eine Instrumentalversion des Liedes gefunden, welche sie mit in den Stall nehmen wollten.

Am späten Vormittag ging es Tessa bedeutend besser und Celine brachte die Mädchen samt ihren Geigen zum Ponyhof. Herr Hansen hatte tags zuvor entschieden, dass sie gegen 13.00 Uhr versuchen wollten, Mozart erstmalig zu reiten.

„Mir scheint der Zeitpunkt ist günstig, da viele um diese Zeit zu Mittag essen", meinte er. Doch heute war genau das Gegenteil der Fall, denn sowohl die 20 m x 40 m große Reithalle als auch das angrenzende Reiterstübchen, von wo man prima durch die großen Fensterscheiben in die Halle schauen konnte, waren rappelvoll.

Zunächst dachten Nele und Tessa, das wäre Zufall. Aber als ihre Klassenkameraden Leonie, Alex, Tim und Sandra, die noch nie auf dem Ponyhof waren, mit ihren Fahrrädern aufkreuzten, war ihnen klar, dass Lukas dahintersteckte. Er hatte auch Julia, Annabell und die anderen Kinder des Ponyhofes kurzfristig mit dem Handy benachrichtigt und alle waren gekommen.

Herr Hansen war stinksauer und sprach:

„Tessa, das ist die Retourkutsche für die Ohrfeige, die du ihm gegeben hast. Lukas hat alle zusammengetrommelt und er wird platzen vor Schadenfreude, falls Mozart euch abwirft und ihr mit der Nase im Dreck landet. So ein linker Vogel!"

Mozart und Graf Hollywood standen angebunden vor der Box, während Nele und Tessa beide Ponys mit einem Striegel und einer Kardätsche putzten. Zwischendurch huschte Nele immer wieder zu Mozart und flüsterte ihm ins Ohr: „Mozi, du musst heute ganz lieb sein, hörst du? Tessa wird dich gleich reiten und es schauen ganz viele Leute zu."

Zur Einstimmung legte sie eine CD mit Geigenmusik in den CD-Player und die Ponys schnaubten glücklich und zufrieden.

Plötzlich bohrten sich erneut Zweifel in Tessas Sinn und ihr Herz klopfte bis zum Halse.

Herr Hansen erschien mit dem Zaumzeug und fragte: „Soll ich dir beim Satteln und Trensen behilflich sein?"

Dankbar nickte Tessa und antwortete: „Ja, ich habe nämlich Schiss!"

Toni Hansen hielt inne, schaute Tessa fragend an und sprach:

„Tessa, wenn du Mozart nicht reiten möchtest, dann brauchst du das nicht zu tun, keiner zwingt dich dazu. Wir können es auch an einem anderen Tag versuchen, wenn wir keine Zuschauer haben und du nicht so aufgeregt bist."

„Ich möchte ihn ja reiten, unbedingt sogar, zumal Oma und Opa aus Hamburg zu Besuch da sind. Gleich werden sie mit Mama und Papa kommen, um zuzuschauen. Aber wenn es nun gar nicht funktioniert?"

Herr Hansen sah die Ratlosigkeit in Tessas Gesicht und spürte, dass sie dringend moralische Unterstützung brauchte.

Er drehte Tessa sanft zu sich, sodass sie ihm in die Augen schauen konnte.

„Tessa, was ihr bisher mit Mozart erreicht habt, ist sensationell und einzigartig. Kannst du dich an die Zeit erinnern, wo er keinen an sich herangelassen hat?“

Tessa nickte.

„Mit gefletschten Zähnen hat er jeden in die Schranken gewiesen, mir hat er die Schulter demoliert und in seiner Box hat er mehr auf zwei Beinen als auf vier Beinen gestanden vor lauter Aggressivität und Angriffslust.

Fast hätte ich ihn an den Zirkus verkauft, aber du und Nele, ihr habt immer an ihn geglaubt und die Hoffnung nie aufgegeben. Mozart wäre psychisch zerbrochen, doch mit sehr viel Einfühlungsvermögen, Geduld, Liebe und Geigenmusik ist es euch gelungen, ihm neues Leben einzuhauchen. Und dabei ist etwas Wunderbares zwischen euch entstanden Tessa … und zwar Respekt und Vertrauen. Vertrauen, wie ich es sonst noch nie erlebt habe … Tessa glaube mir, du schaffst das, ihr schafft das!“

Herr Hansen drehte das zierliche Mädchen wieder herum, ehe er fortfuhr: „Da steht er, bitte schau ihn dir genau an. Brav wie ein Lamm, schön geputzt, ruhig und ausgeglichen. Es geht keine Bedrohung mehr von ihm aus, er hat sich zu einem liebenswerten Geschöpf entwickelt. Ihr habt Mozart mit eurer Musik glücklich gemacht. Es ist euch gelungen, in die Seele des Ponys einzudringen. Trauer, Schmerzen und Einsamkeit konnte er dadurch vergessen. Eure Musik war der Schlüssel zum Erfolg.“

Tessa ging zu Mozart, streichelte über seine weichen Nüstern und schmiegte sich eng an ihn. Eine kleine Träne kullerte über ihre Wange.

„Tessa, soll ich ihn reiten?“, fragte Nele plötzlich. „Dann könntest du das Lied für Mozart auf der Geige spielen.“

„Was? Das traust du dir tatsächlich zu, Nele?“

„Ja, weil ich glaube, dass es klappt. Ich habe gar keine Angst.“

„So ist es recht“, fügte Herr Hansen aufmunternd hinzu. „Glaubt an euch, der Glaube versetzt Berge …“

„Okay, *ich* werde ihn reiten!“ sagte Tessa bestimmt.

„Bist du ganz sicher?“ fragte Nele vorsichtshalber nach.

„Ganz sicher, ich werde ihn reiten!“

Tessa nahm ihre Stiefelanzieher zur Hand und schlüpfte in die Gummireitstiefel.

Anschließend zog sie die Reitsicherheitsweste über, setzte den Reiterhelm auf und schloss den Riemen unter ihrem Kinn.

In der Zwischenzeit hatten Nele und Herr Hansen Mozart gesattelt und aufgezäumt. Zum guten Schluss fettete Nele Mozarts Hufe mit Huffett ein, sodass sie schön glänzten. Er sah jetzt richtig klasse aus.

Augenblicklich bog ein PKW mit einem gelben Autokennzeichen auf den Innenhof.

„Ich fasse es nicht, das ist Piet, Piet aus Holland“, rief Herr Hansen erfreut.

„Na, der kommt gerade zur rechten Zeit.“

Alle begrüßten sich und Piet ging schnurstracks zu Graf Hollywood.

„Na, du kleiner Herzensbrecher?“, sprach er lächelnd das Shetlandpony an und stellte zufrieden fest, dass sich der kleine Graf in einem sehr guten Zustand befand und es ihm an nichts fehlte. Das freute ihn.

Herr Hansen erklärte die Situation und berichtete, dass Tessa nun zum allerersten Mal das Schimmelpony reiten würde, das einst so problematisch gewesen war und ihnen allen gehörig Kopfzerbrechen bereitet hatte.

„Hm, Graf Hollywood würde ich mit in die Halle nehmen, am Strick, dann wird Mozart viel ruhiger sein“, schlug Piet de Jong vor.

Spontan sagte Herr Hansen: „Gute Idee, Piet, nimm du ihn bitte am Führstrick.“

Anschließend trottete Mozart zwischen Tessa und Herrn Hansen und Piet de Jong mit dem kleinen Grafen in die nun leere Reithalle. Nele schleppte ihren Geigenkasten und den CD-Player hinterher und staunte, da an der Hallenbande Celine, Sebastian, Oma Helga und Opa Frank standen. Celine hatte sogar daran gedacht, die Glücksbringer der Mädchen, Strahlender Stern und Leuchtender Mond mit in den Stall zu bringen, die sie fest an sich drückte. Das fanden die Mädchen toll!

Im Reiterstübchen herrschte Hochbetrieb. Einige der Anwesenden erhoben sich und stellten sich gespannt vor die Fensterscheiben, um besser ins Innere der Reithalle schauen zu können.

„Keine Panik, Tessa, alles wird gut!“, sprach Herr Hansen beruhigend auf das nervöse Mädchen ein.

„Ich werde Mozart nun für ein paar Minuten longieren, okay?“

Tessa nickte. Sie war recht zuversichtlich, denn das Longieren hatten sie in den letzten Tagen mehrfach mit ihm geübt.

Alle beobachteten, wie Mozart ruhig und gelassen erst rechts herum, dann links herum trabte. Als Herr Hansen wenig später kurz mit der Zunge schnalzte und „Galopp“ rief, reagierte Mozart sofort und galoppierte an.

Nach einigen Galopprunden parierte er das Pony zum Trab, zum Schritt und schließlich zum Halten durch. Er wickelte die Longe auf, ging zu Mozart und klopfte ihn lobend auf den Hals.

„Brav mein Guter, brav."

Herr Hansen blickte Tessa an. „Bist du bereit?"

Tessa atmete tief durch. „Ich bin bereit."

Der große Moment war da!!!

Tessa schaute zu ihrer Zwillingsschwester rüber und gab ihr per Kopfnicken das vereinbarte Zeichen. Nele legte die CD von Peter Maffay ein, drückte auf die Play-Taste und schritt mit der Violine am Kinn in die Mitte der Halle zu Tessa, Herrn Hansen und Mozart. Herr de Jong hielt mit Graf Hollywood einen gewissen Sicherheitsabstand, achtete aber darauf, dass beide Ponys sich gut sehen konnten. Aufgeregt wieherten sie sich zu.

Nun ertönte für alle gut hörbar die Instrumentalversion des wunderschönen Slow Rock-Liedes von Peter Maffay mit dem Titel: **'Du'.**

Nele begann zu spielen, in dem sie geschickt den Bogen über die Saiten der Geige strich und Tessa sang dazu das für Mozart umgedichtete Lied.

Dabei stellte sie sich ganz dicht vor das Pony, damit sie ihm in die Augen schauen konnte.

Mozi blickte Tessa verwundert an, spitzte die Ohren und hörte gespannt zu als Tessas samtweiche Stimme erklang:

„In deinen Augen steht so vieles, was uns sagt,
du fühlst genauso wie wir.
Du bist das Pony, das zu uns gehört.
Wir leben nur noch für dich.

Du bist alles, was wir haben auf der Welt.
Du bist alles, was wir woll’n.
Du, du allein kannst uns versteh’n.
Du, du darfst nie mehr von uns geh’n.

Seit wir uns kennen, ist das Leben rundum schön,
und es ist schön nur durch dich.
Was auch gescheh’n mag, wir bleiben bei dir.
Wir lassen dich niemals im Stich.

Du bist alles, was wir haben auf der Welt.
Du bist alles, was wir woll’n, yeah.
Du, du allein kannst uns versteh’n.
Du, du darfst nie mehr von uns geh’n.

Du, wir woll’n dir etwas sagen,
was wir zu noch keinem anderen Pony,
zu keinem anderen Pony gesagt haben:

Wir haben dich lieb, ja wir haben dich lieb
und wir woll’n dich immer lieb haben,
immer, immer nur dich.

Wo wir auch sind, was wir auch tun,
wir haben ein Ziel und dieses Ziel bist du,
bist du, bist du!

**Wir können nicht sagen, was du für uns bist.**
**Sag, dass wir dich, dich nie verlier'n.**
**Ohne dich leben, das können wir nicht mehr.**
**Nichts kann uns trennen von dir.**

**Du bist alles, was wir haben auf der Welt.**
**Du bist alles, was wir woll'n, yeah.**
**Du, du allein kannst uns versteh'n.**
**Du, du darfst nie mehr von uns geh'n.**

**Du, du allein kannst uns versteh'n ...“**

Nele hatte das Lied fehlerfrei und mit so viel Gefühl gespielt, und Tessa ebenso gefühlvoll gesungen, dass es zum Weinen schön war. Alle waren gerührt, und der Blick zur Bande zeigte den Mädchen, dass Sebastian und Celine die Melodie natürlich sofort erkannt hatten, … ebenso den Sinn, den die Zwillinge mit dem veränderten Text zum Ausdruck bringen wollten.

Es war tatsächlich die Geigenmusik, die Mozart irgendwie auf eine magische Weise bewegte. Fast schien es, als könnten die Zwillinge ihn dadurch hypnotisieren ...

Herr Hansen passte die Steigbügel für Tessas Körpergröße an, zog den Sattelgurt nochmals nach und sagte:

„Na, dann mal los.“

Tessas Zweifel waren verflogen. Mutig steckte sie ihren linken Fuß in den Steigbügel und hielt mit der linken Hand, am Ansatz der Mähne, beide Zügel fest.

Vorsichtig nahm sie etwas Schwung und stülpte ihr rechtes Bein über Mozarts Rücken. Geschafft, sie saß im Sattel.

Während Nele einige weitere Melodien auf der Geige spielte, ritt Tessa im Schritt an. Herr Hansen ging neben ihr und gab fachliche Anweisungen.

Als sie an den Fenstern des Reiterstübchens vorbeiritt, nahm sie flüchtig wahr, dass Lukas und die anderen Kinder sie mit Argusaugen beobachteten. Doch schnell richtete sich ihre volle Konzentration wieder auf Mozart.

„Sehr gut, Tessa, mach weiter so", lobte Herr Hansen und rief:

„Im Arbeitstempo Trab."

Mit Kreuz- und Schenkelhilfen forderte Tessa Mozart auf zu traben, und er machte es super.

Anmutig bog er dabei seinen Hals, während Tessa aufrecht im Sattel saß. Das Pony und seine Reiterin wurden immer sicherer und Mozart schwebte leichtfüßig wie eine Feder über den Hallenboden, den Herr Hansen kurz zuvor mit dem Traktor und einem speziellen Gerät, glattgezogen hatte.

Im Reiterstübchen hatte es längst auch den Letzten vom Stuhl gerissen und alle betrachteten mit großem Staunen, wie gut Mozart und Tessa zusammen harmonierten.

„Durch die ganze Bahn wechseln, dabei leichttraben", ertönte das Kommando von Herrn Hansen und wieder machte Tessa es perfekt.

Voller Stolz und Anmut trabte Mozart daher und die Funken der Begeisterung sprangen schnell auf Celine, Sebastian und die Großeltern über. Als auch das Angaloppieren an einer beliebigen Stelle auf dem Zirkel funktionierte, brach hinter der Bande die pure Freude aus.

„So, durchparieren zum Schritt, Tessa“, rief Toni Hansen wenig später, und es schien, als sei auch ihm ein großer Stein vom Herzen gefallen.

„Das war toll, lobe ihn bitte mal, für heute ist es genug.“

Tessa stieg von Mozart herunter und umarmte ihn. Sie war überglücklich!

In ihrer Reithosentasche kramte sie ein Leckerli hervor und hielt es Mozart zur Belohnung unters Maul, der es sich sofort schmecken ließ. Als daraufhin Graf Hollywood laut wieherte, als wolle er sagen: „Hallo, ich bin auch noch da“, ging Tessa zu ihm und gönnte ihm ebenso ein Leckerli. Alle lachten.

„Mensch, Tessi, super“, schwärmte Nele, während sie durch die Halle lief und ihrer Schwester regelrecht um den Hals fiel.

Und dann passierte etwas, womit die Zwillinge selbst in ihren kühnsten Träumen nicht gerechnet hatten.

Die Leute klatschten! Erst ganz zaghaft, doch dann applaudierten alle, die sich von diesem wunderbaren Ereignis überzeugen konnten. Sogar Lukas schlug einige Male die Hände zusammen und der Schimmer eines Lächelns huschte über sein Gesicht.

Zur Feier des Tages durfte Nele Mozart einige Runden im Schritt trocken reiten, da sein Fell verschwitzt war. Das freute sie sehr, denn jetzt hatten beide Mädchen ihr Erfolgserlebnis.

Die Zwillinge schwebten im siebten Himmel…

Später sattelten sie Mozart in der Halle ab und ließen ihn zusammen mit dem kleinen Grafen frei laufen. Es war eine unendliche Freude, den beiden ausgelassenen Ponys zuzuschauen. Endlich, nach vielen Wochen der Enttäuschung, Zweifel und Rückschläge, aber auch der Mühe, Hoffnung und Zuversicht hatten sie das erreicht, was keiner für möglich gehalten hatte; auf Mozart zu reiten…!

Und Nele und Tessa waren mächtig stolz, als Herr Hansen sie glücklich in die Arme nahm und zuflüsterte:

„Ihr seid eben doch musikalische Pferdeflüsterinnen!"; dabei wischte er sich verstohlen eine kleine Freudenträne aus dem Auge ...

## Grüße aus Frankreich

Der farbenfrohe Herbst legte allmählich seine Blätter ab und die Zugvögel hatten ihre lange Reise in den warmen Süden angetreten.

Zu diesem Zeitpunkt waren die Zwillinge längst im Alltag der neuen Schule angekommen und hatten sich zur Freude ihrer Eltern prächtig eingelebt.

An einem tristen Nachmittag im November stand Celine vor der Haustüre und winkte ihren von der Schule nach Hause kommenden Töchtern fröhlich zu.

„Schau mal, da steht Mama", gab Nele ihrer Schwester ein Zeichen und fügte hinzu: „Womit fuchtelt sie denn so wild in der Gegend rum?"

„Ich glaube, es ist ein Brief", antwortete Tessa, und sie sollte Recht behalten.

„Ratet mal, wer euch geschrieben hat?", rief Celine den Mädchen lächelnd entgegen.

„Keine Ahnung, wer soll uns schon schreiben?", rätselten die Zwillinge nachdenklich.

„Ich gebe euch einen Tipp und sage nur ‚Das Haus der jungen Herzen'."

„Benny!", kam es gleichzeitig aus zwei Kehlen.

„Richtig!"

„Oh, cool, gib her, Mama", und ehe Celine sich versah, hatte Tessa ihr den Brief aus der Hand gerissen und ihn geöffnet.

„Lies laut vor", rief Nele und hörte gespannt zu, was Benny geschrieben hatte:

*Hallo Nele, hallo Tessa!*

*Wie geht es euch? Auf meine E-Mail bekam ich keine Antwort, also versuche ich es mit diesem Brief. (Eure Adresse habe ich über das Internet herausgefunden … :-)*
*Wie klappt es in der neuen Schule?*
*Was ist aus dem Schimmelpony geworden, von dem ihr mir erzählt habt?*
*Ich denke jeden Tag an euch, besonders wenn ich auf dem Felsen am Meer sitze und Mundharmonika spiele ….*
*Ich habe für jeden von euch ein Bild gemalt und freue mich schon sehr, wenn ihr in den Sommerferien wiederkommt. Schreibt mir doch bitte mal.*

*Viele Grüße, euer Benny.*
*PS: Liebe Grüße auch an eure Eltern von Schwester Benedicta und Martina.*

Dem Brief waren zwei gemalte Bilder beigelegt. Auf einem der Bilder war ein eingezäunter Reitplatz mit zwei

Haflingerponys abgebildet, worüber Benny in Druckbuchstaben „„Rabauke“ und „Rocky“ geschrieben hatte.

Auf dem anderen Bild waren Sonne, Strand, Meer und Palmen zu sehen. Außerdem drei bunte Strandtücher, auf denen zwei gleichaussehende Mädchen und ein dunkelhaariger Junge saßen.

Benny hatte die Namen Nele, Tessa und Benny darüber geschrieben.

„Oh wie schön, schau mal, Mama, Benny kann echt gut malen.“

Celine betrachtete nachdenklich Bennys Bilder und sagte: „Ich glaube, Benny vermisst euch sehr und wenn er erfährt, dass wir unser Mobilheim an Familie Krause verkauft haben und wir ihn vielleicht nie mehr wiedersehen, wird er sehr traurig sein. Wollt ihr ihm nicht etwas Nettes zurückschreiben?“

„Au ja, das machen wir.“

„Aber zuerst wird gegessen“, stellte Celine klar.

Schon während sie aßen, überlegten die Mädchen fieberhaft, was sie Benny schreiben sollten. Es war gar nicht so einfach. Später holte Nele einen Bogen Briefpapier aus ihrer Schreibtischschublade und gemeinsam verfassten sie folgenden Text:

*Hi Benny!*

*Cool, dass du uns geschrieben hast. Deine E-Mail haben wir leider nicht erhalten (… blöde Technik).*
*Danke für die schönen gemalten Bilder. Wir haben sie an die Pinnwand in unserer Küche aufgehängt, so können wir, während wir am Tisch sitzen, darauf schauen und an dich denken.*

*Die Schule ist ganz okay, bis auf die doofen Hausaufgaben.*
*Neuerdings spielen wir im Schulorchester mit, das macht total viel Spaß.*
*Du wirst es kaum glauben, aber wir haben es geschafft: Wir reiten auf Mozart! Durch unsere Geigenmusik ist er ganz lieb geworden. Einen Freund hat er auch, ein kleines Zwergpony mit krummen Beinen, total süß. Sein Name ist „Graf Hollywood", cool, nicht?*
*Leider haben wir unser Mobilheim in Südfrankreich verkauft. Und das Haus, in dem wir zurzeit noch wohnen, wird auch verkauft. Wir ziehen alle auf den Ponyhof zu Opa und Oma Hansen, dann können wir immer bei den Ponys sein.*
*Vielleicht kannst du uns im nächsten Jahr in den Sommerferien besuchen?*
*Das wäre mega-cool! Frage doch bitte Schwester Benedicta und deine Erzieherin Martina, ob sie es erlauben?*
*Wir legen zwei Fotos bei, die Papa gemacht hat, als wir zum allerersten Mal auf Mozart geritten sind.*

*Ganz liebe Grüße von deinen Freundinnen*
*Nele und Tessa*

„Mama, kannst du mal schauen, ob wir Rechtschreibfehler gemacht haben?", rief Tessa und stürmte die Treppe hinunter.

Celine las schmunzelnd den Brief an Benny und meinte: „Super, alles richtig, ihr habt einen sehr schönen Brief geschrieben, Benny wird sich bestimmt freuen."

Tessa lächelte stolz und spurtete die Treppe wieder hinauf, um das Kompliment an Nele weiterzugeben.

Dann falteten sie den Brief, legten die Fotos hinzu und schrieben die Adresse vom Haus der jungen Herzen auf das Kuvert.

„Da muss ‚Frankreich‘ drauf, sonst kommt er nicht an“, meinte Nele energisch. „Unbedingt, Tessa.“

„Weiß ich doch, meinst du, ich bin blöde?“, rief Tessa gereizt zurück.

Sie gaben den Brief Celine, denn er musste noch ausreichend frankiert werden, und während sich die Mädchen an ihre Hausaufgaben machten, brachte Celine den Brief zum Postamt.

Super – Benny würde bestimmt große Augen machen ….

## Das fahrende Haus

Sebastian, Celine und die Eheleute Hansen befanden sich auf der Rückfahrt von Holland nach Niedersachsen. Auf Frau Hansens Schoß lag ein rechteckiger Hochglanzprospekt, auf dem verschiedene Mobilheimmodelle abgebildet waren. Immer wieder nahm sie ihn zur Hand und fragte Celine:

„Welches Mobilheim haben wir soeben gekauft?“

„Das auf Seite 8, Frau Hansen.“

Beide Frauen saßen nebeneinander auf dem Rücksitz des schwarzen Geländewagens und schauten entzückt auf die verführerisch gestalteten Fotos, die sowohl die Innenausstattung als auch die äußeren Details des traumhaft schönen Mobilheims präsentierten.

Der Kauf hatte sich als ein Schnäppchen entpuppt, denn das luxuriöse Mobilheim war ein Ausstellungsstück und wurde deshalb weit unter dem regulären Preis angeboten. Sebastian hatte nicht lange gefackelt und sofort zugeschlagen.

Mit dem Geld, das die Bergers für ihr altes Mobilheim in Südfrankreich bekommen hatten, zuzüglich einer kleinen Geldsumme, konnte das neue, vorübergehende Zuhause von Herrn und Frau Hansen locker erworben werden.

Ein weiteres Schmankerl war die Tatsache, dass sich in dem fast 13 Meter langen und 4 Meter breiten Gefährt drei Doppelschlafzimmer befanden.

Sollte das Haus von Familie Berger zügig verkauft werden, wonach es zurzeit aufgrund der vielen Interessenten aussah, könnten auch Celine, Sebastian und die Zwillinge für einen absehbaren Zeitraum darin wohnen. Natürlich wäre alles sehr beengt, aber da Sebastian stets großen Wert darauf legte, an seinen Bauprojekten nahe dran zu sein, war es tatsächlich eine Option, auf die er nicht verzichten wollte.

„Außerdem haben wir später die Möglichkeit, es wieder zu verkaufen oder zu vermieten, an Reiter, die mit ihren Ponys auf dem Hof Urlaub machen“, sagte Sebastian.

„Reiter, die bei uns Urlaub machen? Wie soll das denn gehen?“, fragte Herr Hansen und runzelte verwundert die Stirn.

„Herr Hansen, irgendwann müssen wir uns mit dem Gedanken vertraut machen, dass Sie den Ponyhof umstrukturieren müssen, damit Sie und Ihre Frau als Eigentümer von den Erträgen leben können. Mit anderen Worten, Sie müssen sich nach einer neuen Zielgruppe umschauen. Und das können durchaus Reiter mit ihren Ponys oder Pferden sein, die in der schönen Gegend Niedersachsens Ausritte machen möchten oder gar ihren Urlaub dort verbringen wollen. Das, und andere Möglichkeiten, können Sie zum Beispiel auf einer eigenen Internetseite anbieten."

„Internet, davon verstehen wir nichts", brummte Herr Hansen skeptisch, doch Sebastian meinte:

„Sie sollten sich nicht davor verschließen. Heutzutage gehört eine einladende Internetseite zu einer modernen Reitanlage dazu. Aber erst einmal werden wir ein schönes, gemütliches Wohnambiente zaubern, und dann sehen wir weiter, okay?"

Herr Hansen nickte und als sie auf dem Wirtschaftsweg zum Hof einbogen, lag dort, im Schatten eines Holunderstrauchs, Schnübi.

Seit Stunden hatte er an dieser Stelle ausgeharrt und sehnsüchtig auf sein Herrchen und Frauchen gewartet.

Als Herr Hansen die Autotür öffnete und „Hallo, Schnübi!" rief, bellte dieser augenblicklich und wedelte erfreut mit seinem kurzen Schwänzchen.

Er konnte es kaum abwarten, bis alle ausgestiegen waren. Während er an seinen Bezugspersonen hochsprang, winselte er vor Freude und es dauerte eine ganze Weile, bis er sich wieder beruhigt hatte.

Mittlerweile war es Dezember geworden und die Zwillinge kamen noch immer jeden Morgen vor Schulbeginn zu Mozart und Graf Hollywood, um sie zu füttern und um ihnen etwas auf den Geigen vorzuspielen. Der Jahreszeit entsprechend spielten sie nun Advents- und Weihnachtslieder und ein Hauch von vorweihnachtlichem Zauber lag somit über dem Hansen-Hof.

Abends wiederholte sich diese Prozedur und manchmal war es dann schon so kalt, dass die Zwillinge ihre Finger kaum bewegen konnten.

Darüber hinaus bekamen die Mädchen viermal wöchentlich Reitunterricht auf Mozart bei Herrn Hansen, zweimal Nele und zweimal Tessa. Sie waren inzwischen recht selbstständig geworden, auch was das Satteln und Trensen betraf.

Und so kam es, dass die Zwillinge nach einer weiteren Reitstunde beim Absatteln Folgendes fragten:

„Herr Hansen, können wir Ihnen den Ponysattel und die Trense abkaufen? Somit hätten wir für Mozart unsere eigene Ponyausrüstung. Was halten Sie davon?"

Herr Hansen stutzte und schwieg lange. Er schien zu überlegen. Dann antwortete er:

„Liebe Tessa, liebe Nele. Ich weiß nicht, ob ihr mich versteht. Jeder Mensch hat etwas, woran er sehr hängt. Mein Herz hängt an diesem Sattel und an dieser alten Trense. Seid mir bitte nicht böse, aber ich möchte beides nicht verkaufen. Gleichzeitig möchte ich euch anbieten, dass ihr sowohl den Sattel, als auch die Trense immer benutzen könnt, meinetwegen monatelang oder jahrelang. Nur verkaufen oder verschenken möchte ich diese Teile nicht."

„Hm, schade, da kann man nichts machen", entgegnete Tessa enttäuscht, und auch Nele zog bedröppelt und verwundert zugleich eine Schnute.

„Was wünscht ihr euch denn zu Weihnachten?", versuchte Herr Hansen, die Zwillinge abzulenken.

„Ein Smartphone", kam es wie aus der Pistole geschossen aus zwei Mündern.

„Auf unserer Schule haben alle eins, nur wir nicht", meckerte Tessa.

„Na wenn das so ist, dann wird der Weihnachtsmann eure Wünsche bestimmt erfüllen“, entgegnete Herr Hansen und klopfte Mozart schmunzelnd auf den Rücken …

Endlich war es soweit, das neue Mobilheim wurde geliefert, auf einem Schwertransporter und zur Sicherheit mit einem zusätzlichen Begleitfahrzeug.

Herr Hansen war total aufgeregt, besonders als er feststellte, dass es für das breite Luxusgefährt auf dem zum Hof führenden Weg zu eng werden könnte. Kurzerhand riss er alle am Wegesrand stehenden Weidepfähle aus, wobei ihm Nachbarbauer Andreas zur Hand ging. Nun war genug Platz für die Durchfahrt vorhanden.

In der Ferne sahen sie das gelbliche, im Sekundentakt blinkende, sich drehende Licht auf dem Dach des Begleitfahrzeuges. Einige Meter dahinter tauchte der Schwertransporter mit dem Mobilheim auf. Langsam wie eine Schnecke näherte er sich dem Ponyhof, und es dauerte insgesamt fünf Stunden, bis das „fahrende Haus“ mit allen Anschlüssen an der Hofaußenwand mit Blick in den Garten, auf seinem richtigen Platz stand. Es sah toll aus!

Frau Hansen stand staunend in ihrem neuen Wohnzimmer. Die beigefarbene Sitzgarnitur, die Glasvitrine, der Flachbildschirm, alles sah super chic und edel aus. Die Essecke bot Platz für sechs Personen und grenzte an die aus Ahornholz bestehende moderne Küche. Anna Hansen strahlte über das ganze Gesicht und betrachtete neugierig den Backofen, den Herd mit Ceranfeld, die Mikrowelle und die Spüle.

„Unglaublich“, stammelte sie, „es ist alles da, was man zum Kochen braucht.“

Ihr Rundgang führte sie in alle Schlafräume, ins Bad mit Waschbecken, WC und runder Dusche. Sogar ein kleines Gäste-WC war vorhanden und jedes noch so kleine Räumchen verfügte über ein Fenster.

Außerdem waren die Wände großzügig gedämmt, sodass ein behagliches Wohnen nach Einschaltung der Elektroheizung selbst im tiefsten Winter möglich war.

Herr und Frau Hansen freuten sich. Während der Umbauphase des Wohngebäudes würden sie in diesem kleinen, aber feinen Häuschen zusammen mit Schnübi und Tutita wunderbar leben können und waren dennoch nahe bei den Ponys. Und das war ihnen sehr wichtig.

In bürokratischer Hinsicht hatte sich in den zurückliegenden Wochen sehr viel getan. Alle Pläne für den Umbau des Ponyhofes hatte Sebastian beim zuständigen Bauamt der Stadt Bad Rankershausen eingereicht, und zur Überraschung aller hatte ihr Freund und Nachbar, Dr. Rotschild, spontan das Haus der Familie Berger für seinen Sohn und dessen Familie gekauft. Einziger Wermutstropfen: Bis Weihnachten mussten Celine, Sebastian und die Zwillinge ausgezogen sein. Der positive Aspekt dabei war, dass Dr. Rotschild eine schnelle notarielle sowie finanzielle Kaufabwicklung anbot, und so kam es, dass auch die geforderte Geldsumme der Bank von Familie Hansen binnen kurzer Zeit getilgt werden konnte.

Eine Woche vor Weihnachten waren alle finanziellen Sorgen vom Tisch. Die Hansens waren ins Mobilheim gezogen und besonders Frau Hansen fiel eine große Last von den Schultern.

Durch die rasante Entwicklung der Dinge konnten das ältere Ehepaar und auch Celine, Sebastian und die Zwillinge kaum die vorweihnachtliche Adventszeit genießen.

Hinzu kam, dass Familie Berger nun tatsächlich für einige Monate zu den Hansens ins Mobilheim ziehen musste. Herr Hansen stellte ihnen einen Teil der Scheune zur

Verfügung, in der Sebastian und Celine die Möbel aus ihrem Haus, Kisten und Kartons mit eingepackten Sachen, sowie andere sperrige Teile wie Fahrräder und Gartengeräte unterbringen konnten. Sozusagen als Übergangslösung für etwa ein halbes Jahr, bis die neuen Wohnungen auf dem Hof bezugsfertig waren.

Celine und Sebastian machten es sich in einem mittelgroßen Doppelzimmer gemütlich, Nele und Tessa hingegen mussten mit dem kleinsten Zimmer vorliebnehmen. Ein befremdendes Gefühl überkam die Mädchen, als sie ihre wichtigsten Sachen in zwei Köfferchen und natürlich die Geigen mitbrachten und irgendwie versuchten, diese in dem Puppenhauszimmer unterzubringen.

„Ach du heiliger Bimbam, was ist das klein“, motzte Tessa.

„Augen zu und durch“, lautete dagegen die Devise von Sebastian, als er in die enttäuschten Gesichter der Kinder schaute.

„Dafür bekommt ihr bald zwei superschöne Zimmer, von wo ihr quer über den Hof bis zu Mozart in den Stall schauen könnt“, versuchte Sebastian, ihnen die Situation etwas schmackhafter zu machen.

„Oh, cool Papa, nur schade, dass es noch so lange dauert“, meinten Nele und Tessa.

Doch Sebastian war super optimistisch und sprach:

„Das geht schneller, als ihr denkt, und außerdem ist die Vorfreude immer die schönste Freude. Wartet nur ab …“

## Kleiner Weihnachtsbaum – Große Gefühle

Zwei Tage vor Weihnachten war der Winter da, und der erste Schnee hatte die niedersächsische Landschaft in ein weißes Gewand gehüllt. Da brauchten Nele und Tessa nun wirklich nicht lange zu überlegen, als sie nach dem Füttern die Geigen nahmen und für die Ponys folgendes Lied spielten:

**„Schneeflöckchen, Weißröckchen,**
**da kommst du geschneit;**
**du kommst aus den Wolken, dein Weg ist so weit.**

**Komm setz dich ans Fenster,**
**du lieblicher Stern;**
**malst Blumen und Blätter, wir haben dich gern.**

**Schneeflöckchen, du deckst uns**
**die Blümelein zu,**
**dann schlafen sie sicher in himmlischer Ruh.**

**Schneeflöckchen, Weißröckchen,**
**komm zu uns ins Tal,**
**dann bau'n wir 'nen Schneemann und werfen den Ball.“**

(Urfassung von Hedwig Haberkern 1837-1902)

Die Zwillinge konnten es kaum abwarten, nach der Schule mit Mozart und Graf Hollywood am Führstrick durch die bezaubernde Winterlandschaft spazieren zu gehen. Es sah irre lustig aus, wie die beiden Vierbeiner durch den weißen Pulverschnee stapften. Besonders wenn sie ihre Nüstern in das weiße Etwas tauchten und dann aufgrund der Kälte die Köpfe blitzschnell in die Höhe reckten, als wollten sie sagen: „Huch, ist das kalt“.

Anschließend scharrte Mozart mit seinen Hufen im Schnee, bis er sich plötzlich hinlegte und wälzte. Der kleine Graf staunte; im Schnee hatte er mit seinen krummen Beinen noch mehr Mühe, sein Gleichgewicht zu halten und nicht auszurutschen. Deshalb beließ er es beim Zuschauen und beide Ponys wieherten vergnügt.

Frau Hansen war unterdessen mit den Vorbereitungen des Weihnachts-Festessens beschäftigt.

„Was haltet ihr von einer gebratenen Gans mit Klößen und Rotkohl?“, fragte sie die Mädchen.

„Wow, klingt lecker“, kam die Antwort postwendend, und wieder wandten sich die Kinder ihren Lieblingen zu.

Und dann war er da, der stimmungsvolle Heilige Abend, der bedeutendste Abend des Jahres, an dem alle Christen die Geburt des Erlösers feiern.

Nele und Tessa waren schon morgens mächtig aufgeregt und die Zeit schien überhaupt nicht zu vergehen. Mit Lukas, Julia und Annabell waren sie Herrn Hansen bei der Stallarbeit behilflich, und alle Ponys bekamen zur Feier des Tages eine kleine Extraportion Möhren.

„Sie sollen auch merken, dass heute ein besonderer Tag ist“, meinte Herr Hansen, und er beobachtete mit Genugtuung, wie die Ponys mit großer Freude die Möhren verspeisten.

Am Nachmittag kehrte Ruhe auf dem Hansen-Hof ein. Die Kinder zog es nach Hause, zu ihren eigenen Familien, denn alle waren aufgeregt und fieberten der Bescherung entgegen, in der Hoffnung, reich beschenkt zu werden.

„So, nun wollen wir doch auch ein wenig weihnachtlichen Glanz in unsere kleine Hütte bringen“, scherzte Herr Hansen, als er ein circa 65 cm großes Mini-Weihnachtsbäumchen auf die breite Wohnzimmerfensterbank des Mobilheims stellte.

„Anna, schnell, wo sind die Weihnachtskugeln und die kleine Lichterkette?“

In einem alten Karton befanden sich die Deko-Gegenstände und in wenigen Minuten war das winzige Bäumchen mit weihnachtlichen roten Kugeln und Lichtern geschmückt. Es leuchtete wunderschön.

„Klein, aber oho“, lautete der Kommentar von Sebastian.

„So einen kleinen Baum hatten wir aber noch nie!“, brachte es Tessa ein wenig enttäuscht auf den Punkt.

Kurz vor 16.30 Uhr hatten alle ihre festliche, warme Winterkleidung angezogen. Sebastian, Celine, die Zwillinge und Herr und Frau Hansen fuhren gemeinsam zur Kirche von Bad Rankershausen.

Wie in jedem Jahr fand dort am Heiligen Abend eine Christmette für Kinder statt mit einem wunderschönen Krippenspiel. Das wollten sich Nele und Tessa auf keinen Fall entgehen lassen und waren voller Vorfreude auf die besondere Feier und die musikalische Gestaltung des Gottesdienstes …

„Das Krippenspiel war super“, rief Nele beim Verlassen der Kirche, während sich die breite, zweiflügelige Kirchentüre aus Edelholz wie von Geisterhand öffnete, und die letzten Takte der weihnachtlichen Orgelmusik hinaus in den dunklen Abend drangen ...

„Frohe Weihnachten, frohe Weihnachten“, riefen sich Familien mit ihren Kindern im Vorbeigehen fröhlich zu, denn jeder wollte flugs nach Hause, um mit seinen Liebsten den Heiligen Abend zu verbringen.

Leichte, weiße Flöckchen tanzten wirbelnd in der Luft umher.

Nele und Tessa stellten zu ihrer Freude fest, dass es die ganze Zeit, während sie in der Kirche waren, geschneit hatte.

„Juchhuuu, es hat wieder geschneit, das ist cool“, jauchzte Nele, und Tessa fügte hinzu: „Super, weiße Weihnachten, wie im Märchen.“

Und während sie Hand in Hand mit kleinen Schritten zum Parkplatz gingen, knirschte der Neuschnee unter ihren warm gefütterten, knöchelhohen Stiefeln. Endlich saßen sie im Auto.

„Gut, dass der Wagen einen Allradantrieb hat“, freute sich Sebastian, während sie zügig über die schneebedeckten Straßen nach Hause fuhren.

Dabei betrachteten sie staunend die beleuchteten Häuser und Vorgärten. Es gab kaum ein Gebäude, das nicht in irgendeiner Weise mit einer Lichterkette, einer Weihnachtsfigur oder einer bunten Lichterpyramide in den Fenstern geschmückt war. Alles wirkte so friedlich und ehrfurchtsvoll.

„Was das wohl kosten mag, bei den hohen Strompreisen?“, meinte Frau Hansen und schüttelte den Kopf.

Als sie in den schmalen Wirtschaftsweg einbogen, dessen Einfahrt unter der neuen Schneedecke kaum zu erkennen war, stutzte Sebastian und sprach:

„Komisch, da sind Spuren im Schnee. Ich glaube, hier ist vor Kurzem jemand lang gegangen."

„Schalten Sie mal das Fernlicht ein", schlug Herr Hansen vor, der unruhig auf dem Beifahrersitz saß. Und tatsächlich, im Schein des grellen Lichtes waren deutlich frische Fußspuren zu sehen.

„Ganz schön gespenstisch", meinte Tessa und alle reckten die Köpfe und schauten neugierig auf die Spuren im Schnee, die direkt zu Hansens Hof führten …

„Hoffentlich hat man nicht eingebrochen, während wir in der Kirche waren", sagte Celine und ihr war sehr mulmig zumute.

Langsam bog Sebastian in den Innenhof ein. Die Spuren führten schnurstracks zu dem Stall, in dem Mozart und Graf Hollywood untergebracht waren.

Den Kindern stockte der Atem. Jemand hatte sich bei den Ponys aufgehalten, daran bestand kein Zweifel. Von dort führten die Fußspuren quer über den Hof zu der Stelle, wo das Mobilheim stand. Sebastian fuhr einen großen Bogen, bis er das Auto vor der Türe des kleinen, mobilen Häuschens parkte.

Und dann schauten alle gebannt auf die Gestalt, die auf der obersten Eingangsstufe in der eisigen Kälte kauerte.

„Das ist Lukas", rief Herr Hansen. „Ja spinnt der Junge denn? Ich dachte, er wäre längst zu Hause!"

„Das IST nicht Lukas!", kam es entsetzt von Sebastian. Im Licht des Scheinwerfers war das Gesicht dieser Person nur schemenhaft zu erkennen. Aber er erkannte die Baseballkappe! Eine schwarze Baseballkappe mit einem silbernen, ovalen Plättchen, auf dem sich eine eingravierte Mundharmonika befand …

„Ich werde verrückt, es ist Benny, Benny aus Frankreich“, rief Sebastian.

Nun hielt es niemanden mehr im Innern des Autos. Vier Türen wurden im selben Moment geöffnet und Sebastian, Celine, die Zwillinge und das Ehepaar Hansen stürmten aus dem Auto und rannten durch den Schnee zu dem wartenden Jungen.

„Benny, was machst du denn hier? Bist du alleine gekommen?“ Sebastian rüttelte ihn an den Armen.

„Frohe Weihnachten …, ja, ich bin ausgebüxt“, kam es leise über Bennys Lippen.

„Ach du liebe Zeit, du bist ja völlig unterkühlt“, rief Celine.

Sofort zog sie ihren warmen Wintermantel aus und legte ihn behutsam um Bennys Schultern.

„Nimm deinen Rucksack und komm erst mal rein, hörst du“, sprach Sebastian, während Herr Hansen die Tür des Mobilheims aufschloss.

Schnübi kam herangestürmt und begrüßte Benny mit wedelndem Schwanz.

„Ich konnte ihn von draußen winseln hören“, sagte Benny, während er Schnübi streichelte und sich neugierig umschaute.

Toni und Anna Hansen verstanden die Welt nicht mehr. Wer war dieser Junge, der am Heiligen Abend so plötzlich bei ihnen aufkreuzte? Sebastian, Celine und die Mädchen schienen ihn gut zu kennen.

Nele und Tessa hatte es absolut die Sprache verschlagen. Nie und nimmer hätten sie damit gerechnet, Benny unter diesen Umständen wiederzusehen.

„Lass dich mal anschauen." Celine betrachtete den Jungen eingehend.

Sie rieb seine Wangen und auch seine eiskalten Hände. Sie waren feuerrot.

„Benny, du hättest erfrieren können, weißt du das", sprach sie. „Wie lange sitzt du schon da draußen?"

„Über eine Stunde", antwortete Benny. Er zitterte am ganzen Körper.

„Unglaublich, und das bei dieser klirrenden Kälte."

„Zuerst habe ich mich an den beiden Ponys aufgewärmt", fuhr Benny fort, „aber dann dachte ich, dass man mich auf den Eingangsstufen, im Licht des kleinen Weihnachtsbaumes", er deutete auf das kleine Bäumchen auf der Fensterbank, „besser sehen würde. Ich wusste ja nicht, wann jemand kommt."

„Bei den Ponys handelt es sich übrigens um Mozart und Graf Hollywood", berichtete Tessa.

„Das habe ich mir schon gedacht", grinste Benny. „Echt cool, die zwei."

„Mensch, Benny, bist du wirklich alleine aus Frankreich gekommen", fragte Celine ungläubig. Benny nickte.

„Wie denn?", wollte sie wissen.

„Mit dem Zug, als Schwarzfahrer. Die waren alle sehr nett zu mir. Wenn mich ein Schaffner nach der Fahrkarte fragte, habe ich gesagt:

‚Die haben meine Eltern, sie sitzen ganz vorne im Zug.'

„Dann hast du ja gelogen", warf Nele Benny vor. Doch er zuckte nur lässig mit den Schultern.

„Wissen Schwester Benedicta und deine Erzieherin, wo du bist?"

Benny schüttelte den Kopf.

„Aber Benny, die machen sich doch Sorgen. Hast du ihnen auch keinen Zettel geschrieben, dass du dich auf den Weg zu uns gemacht hast?"

„Nein."

Celine seufzte.

„Sebastian, wir müssen das Haus der jungen Herzen informieren, sofort!" Sebastian stimmte zu.

„Benny, kannst du mir die Telefonnummer vom HdjH nennen?"

Der Junge nickte, er kannte sie auswendig und nannte Sebastian die entsprechenden Zahlen. Sebastian tippte sie in sein Smartphone ein. Es dauerte nur ein paar Sekunden, bis Sebastian sagte:

„Guten Abend, hier spricht Sebastian Berger, ja genau … wir kennen uns von den Sommerferien. Ich rufe aus Deutschland an, aus Bad Rankershausen, und ich möchte Ihnen mitteilen, dass Benny, Benny Brinkmann bei uns ist. … ja, richtig. Es geht ihm gut. Ja, einen Moment bitte ... Benny, komm mal her, Schwester Benedicta möchte mit dir sprechen."

Benny nahm das Smartphone und stammelte:

„Hallo, ja es geht mir gut. ... ich weiß auch nicht, nachdem ich den Brief von Nele und Tessa bekommen habe, wollte ich einfach nur zu ihnen … ja, es tut mir leid. … aber es ist doch gar nichts passiert …"

Es schien, als müsse sich Benny erst einmal eine Gardinenpredigt anhören. Natürlich waren alle froh, dass ihm nichts passiert war, aber einfach aus dem Haus der jungen Herzen abzuhauen, das ging ja nun gar nicht.

Sebastian erlöste Benny, in dem er das Handy wieder an sich nahm und sprach:

„Schwester Benedicta, hören Sie, das bringt doch jetzt nichts. Lassen Sie uns morgen darüber reden. Sie wissen nun, wo er sich befindet und dass es ihm gut geht. Heute ist doch Heiliger Abend, und er kann gerne einige Tage bei uns bleiben. … natürlich weiß ich das, bitte beruhigen Sie sich. Ja, wir passen auf ihn auf. Ja, ich verspreche es. Aber ich bitte Sie, das ist doch selbstverständlich. …Was? …Wie bitte? In Ordnung. …Versuchen Sie, sich zu beruhigen, Schwester Benedicta.

Es ist Weihnachten … ja, ein frohes Fest!“

„Puh Benny, weißt du, wie viele Menschen nach dir gesucht haben? Die Polizei, die Feuerwehr, die Küstenwache, deine Freunde, viele Freiwillige, deine Erzieherin, Schwester Benedicta. Man vermutete sogar, du seist vom Felsen gestürzt und im Meer ertrunken.“

Celine ging zu Benny und sprach:

„Benny, das darfst du nie, nie, nie mehr machen, versprichst du das? Alle hatten große Angst um dich und es hätte weiß Gott etwas sehr Schlimmes passieren können. Jetzt komm erst einmal mit ins Bad. Eine warme Dusche wird dir gut tun.“

„Und ich mache dir einen warmen Tee“, rief Frau Hansen aus der Küche.

„Und dann feiern wir Weihnachten“, fügte Herr Hansen hinzu und alle versuchten, sich nach dieser Überraschung wieder zu beruhigen.

Traditionsgemäß las Sebastian vor der Bescherung die Weihnachtsgeschichte vor. In diesem Jahr war es zwar eine ganz andere Situation, besonders durch die aufregenden Geschehnisse der letzten Stunde, doch dieses Vorlesen hatte etwas Stimmungsvolles und die Zwillinge, Benny, Celine und Anna und Toni Hansen lauschten gespannt zu.

Es lagen nur wenige Päckchen auf der Fensterbank neben dem Tannenbaum, auch dadurch unterschied sich dieses Weihnachtsfest von allen anderen.

Schließlich holten die Mädchen ihre Geigen und stellten sich vor den kleinen Weihnachtsbaum. Sie zogen mehrmals die Geigenbögen über die Saiten der Instrumente, sodass verschiedene Töne erklangen.

„Mama, gleich musst du auch ein Lied auf der Geige spielen, du hast es uns versprochen“, rief Nele. „Letztes Jahr hast du ‚O Tannenbaum‘ gespielt, erinnerst du dich?“

„Ja, ja ich erinnere mich. Schauen wir mal, später …“, schmunzelte Celine.

„Benny, wo ist deine Mundharmonika?“, fragte Nele.

Benny zog sie aus der hinteren Gesäßtasche und hielt sie hoch.

„Kannst du **'Alle Jahre wieder'** und **'O du fröhliche'** spielen?“

„Na klar, logisch“, grinste Benny.

„Dann komm und spiel mit uns“, forderte Tessa Benny auf.

Das ließ sich der Junge nicht zweimal sagen und stellte sich mit stolzgeschwellter Brust zu den Mädchen.

Tessa gab das Kommando: „Zwei, drei, vier …“ und die Kinder spielten, als hätten sie schon immer zusammen musiziert. Die Weihnachtslieder klangen so wunderschön.

„Bravo“, riefen Celine und Sebastian und klatschten begeistert in die Hände. Nur Herr und Frau Hansen schauten, als wären die Kinder von einem anderen Stern. Dabei blieb ihr Blick immer wieder an Benny haften, es schien, als würde der Junge sie an jemanden erinnern …

Nun überreichte Celine den Mädchen und Frau Hansen je ein kleines Päckchen.

„Aufmachen“, rief Sebastian, und wenig später stellten die Zwillinge fest, dass sich ihr sehnlichster Wunsch erfüllt hatte.

„Ein Smartphone, voll cool“, jauchzte Tessa begeistert. Nele hüpfte vor Freude auf dem Sofa herum und Frau Hansen hielt schmunzelnd eine rot-weiße Schürze mit der Aufschrift, „Liebe geht durch den Magen“, in den Händen.

Schon wollten die Mädchen das große Paket öffnen, als Sebastian erklärte: „Das ist für Herrn Hansen.“

„Was, für mich?“, fragte dieser überrascht.

Ungeschickt riss er das Weihnachtspapier kaputt und blickte erstaunt auf den Inhalt: „Ein Computer, das darf doch nicht wahr sein.“

„Herr Hansen, das ist ein PC aus meinem Büro. Damit können Sie sich wunderbar an das Medium ‚Internet‘ heranwagen. Meine Frau, die Zwillinge und ich helfen Ihnen gerne dabei.“

„Na ja, wenn Sie meinen ... Jedenfalls vielen Dank.“

Auch Celine und Sebastian erhielten kleine Geschenke, somit war Benny der Einzige, der kein Weihnachtsgeschenk bekommen hatte.

„Benny, seit wann spielst du Mundharmonika?“, wollte Herr Hansen wissen.

„Ach, schon immer, später werde ich mir ein richtiges, tolles Mundharmonikaset kaufen, das ist mein größter Traum.

Sebastian hatte Herrn und Frau Hansen, während Benny unter der Dusche stand, vom Schicksal des Jungen berichtet. Vielleicht war es die Sehnsucht nach Wärme und Geborgenheit innerhalb einer Familie gerade jetzt zu Weihnachten, die Benny zu dieser waghalsigen Reise veranlasst hatte ….

Herr Hansen schaute seine Frau Anna an, erhob sich und öffnete eine Schublade in der Glasvitrine. Er entnahm einen gelblichen DIN-A-4-Briefumschlag und setzte sich wieder an den Tisch. Aus dem Umschlag zog er ein braunes, rechteckiges Lederetui heraus und reichte es Benny mit den Worten: „Frohe Weihnachten Benny, und herzlich willkommen auf unserem Ponyhof."

Benny öffnete das Etui und seine Augen leuchteten.

„Herr Hansen, das ist ja der Wahnsinn, eine Mundharmonika."

Benny drehte das Etui herum, sodass alle die Mundharmonika sehen konnten.

Dann nahm er sie heraus und rief: „Cool, echt megacool, eine chromatische 10-Loch-Mundharmonika in C-Dur, ich fasse es nicht." Er führte sie an seine Lippen und entlockte ihr einige schön klingende Töne. Begeistert rief er:

„Danke, Herr Hansen, danke, Frau Hansen."

„Spielen Sie Mundharmonika, Herr Hansen?", fragte Celine interessiert.

„… eh … nein, nein, sie stammt aus unsere Familie", druckste Herr Hansen herum.

Unterdessen freute sich Benny wie ein Schneekönig und beugte sich über den Tisch, um Herrn Hansen aus Dankbarkeit zu umarmen. Dabei fiel der DIN-A-4-

Umschlag herunter und ein Brief, Ansichtskarten und ein Foto rutschten heraus und glitten zu Boden.

Flink wie ein Wiesel sammelte Benny die Sachen wieder ein, doch dann, beim Betrachten des Fotos, stieß er einen Schrei aus.

„Was ist denn los, Benny?“, fragte Sebastian erschrocken.

Der Junge wurde kreidebleich und zeigte auf die Fotografie: „Das ist mein Vater, Bernhard Brinkmann“, stammelte er.

Herr Hansen riss ihm das Foto aus der Hand: „Was redest du denn für einen Blödsinn“, fuhr er Benny an.

„Das ist kein Blödsinn“, antwortete dieser. Benny ging zu seinem Rucksack, zog den Reißverschluss auf und holte das Foto im Silberrahmen hervor, das Nele und Tessa bereits im Sommer in Bennys Zimmer im Haus der jungen Herzen gesehen hatten. Er stellte es vor Herr Hansen auf den Tisch.

Zitternd nahm Toni Hansen es in seine Hände, betrachtete es und reichte es wortlos seiner Frau.

Auch Frau Hansen stieß einen kurzen Schrei aus, als sie auf das Foto schaute, denn es war exakt das gleiche wie das Foto aus dem DIN-A-4-Umschlag.

Fünf Musiker waren darauf zu sehen, ein Schlagzeuger, zwei Gitarristen und zwei Mundharmonikaspieler.

„Kann mir mal jemand erklären, was hier los ist?“, fragte Sebastian mit lauter Stimme.

„Wer ist denn dein Vater?“, fuhr Anna Hansen fort und schaute Benny fest in die Augen.

„Na der da, ganz rechts, der mit den langen, blonden Haaren.“

Benny zeigte deutlich mit dem Finger auf die rechte, männliche Person auf dem Foto. Anna und Toni Hansen schauten sich an.

Dann sagte Frau Hansen: „Links neben deinem Vater, der dunkelhaarige Mann, das ist unser Sohn Rick.“

Für einen Moment war es totenstill.

„Sie haben einen Sohn?“, kam es erstaunt aus Celines Mund.

Herr und Frau Hansen nickten.

„Warum haben Sie uns nichts von ihm erzählt?“

„Wissen Sie“, sprach Herr Hansen, „das ist ein Kapitel in unserem Leben, über das wir nicht gerne reden.“

„Ja wieso denn nicht?“, bohrte Sebastian weiter.

Es schien, als hätten sich innerhalb weniger Minuten tiefe Falten in Herrn Hansens Gesicht gegraben, als er sprach: „Zwischen unserem Sohn und mir steht eine fürchterliche Zerstrittenheit, die nie aufgelöst wurde. Es gab ständig Unstimmigkeiten, über den Hof, über die Tiere, einfach über alles.

Ricki war schon damals ein begnadeter Musiker und spielte fantastisch Mundharmonika. Also machte er fast jeden Abend Musik in einer Band. Oft kam er erst im Morgengrauen, wenn ich bereits beim Füttern der Tiere war, nach Hause und schlief bis zum Nachmittag. Gleichzeitig wollte er aber auch der Chef vom Hof sein, es war eine schreckliche Zeit.

Und eines Tages, vor ungefähr vierzehn Jahren, ging er mit den Worten ‚Ihr ruiniert mein Leben, ich hau ab und komme nie mehr wieder‘. Und das war’s. Es kamen noch einige Postkarten aus südlichen Ländern, ein kurzer Brief und dieses Foto, das ihn mit seiner neuen Musikgruppe zeigt.“

„Dann haben mein Vater und Ihr Sohn zusammen in einer Band gespielt, und beide waren Mundharmonikaspieler“, kombinierte Benny anhand Herrn Hansens Erzählung.

„Ja, so muss es gewesen sein“, nickte Frau Hansen.

„Wo lebt er denn jetzt?“, fragte Celine.

„Wir wissen doch gar nicht, ob er überhaupt noch lebt“, schluchzte Frau Hansen. „Seit Jahren haben wir kein Lebenszeichen von ihm bekommen, und trotzdem, irgendwie spüre ich als Mutter, dass er noch lebt.“

„Ich glaube, er ist nach Kanada ausgewandert“, sagte Benny plötzlich.

„Woher willst du das wissen, Benny?“

„Schwester Benedicta und meine Erzieherin haben mir oft erzählt, dass nachdem meine Eltern bei dem schrecklichen Wohnungsbrand ums Leben gekommen sind, einige der Bandmitglieder nach Kanada gegangen sind.“

Wieder wurde es still.

„Also könnte er noch leben“, meinte Celine optimistisch.

„Dann gehören der Sattel und die Trense, die Sie nicht verkaufen wollten, bestimmt Ihrem Sohn Rick, oder?“, schmetterte Tessa in die Runde.

Herr Hansen schmunzelte: „Du hast es durchschaut! Versteht ihr jetzt, warum meine Frau und ich so sehr daran hängen?“

Nele und Tessa nickten.

„Ricki hat den Sattel und die Trense bekommen, als er sechs Jahre alt wurde“, fuhr Herr Hansen fort. „Für uns sind diese Teile eine wunderschöne Erinnerung an seine Kindheit. Er hatte sogar ein eigenes Pony, es hieß ‚Casanova‘.“

„Das ist ja ein schöner Name“, meinte Nele. „Cool.“

„Ist die Mundharmonika auch von Ihrem Sohn?“, wollte Benny wissen.

„Ja, er hatte einige davon. Du kannst sie gerne behalten, Benny. Rick hätte bestimmt nichts dagegen ...“

Celine erhob sich und nahm Frau Hansen, die noch immer weinte, in die Arme.

„Und diese Ungewissheit schleppen Sie all die Jahre mit sich herum?“, fragte sie.

„Ja“, antwortete Frau Hansen

„Hm, dabei ist es doch viel schlimmer, mit der Angst zu leben, als Gewissheit zu haben“, meinte Celine.

Frau Hansen nickte und sprach: „Für mich ist es ein Fingerzeig Gottes, dass heute, am Heiligen Abend, dieser fremde, kleine Junge bei uns auftaucht, dessen Vater mit unserem Sohn Rick zusammen Musik gemacht hat. Das kann kein Zufall sein.“

„Man kann übers Fernsehen Menschen suchen, die vermisst sind“, gab Nele einen Tipp.

„Nein, nein, das kommt gar nicht infrage. Rick ist gegangen, und wenn er nicht von selber nach Hause kommt, muss er halt dableiben“, trotzte Herr Hansen und sein Gesicht wirkte äußerst zornig.

„Da hören Sie es, mein Mann ist ein alter, sturer Dickkopf!“ Frau Hansen war sehr enttäuscht, und sie machte keinen Hehl daraus.

Das Thema behagte Herrn Hansen gar nicht, deshalb schaute er die Zwillinge an und sprach: „Ihr habt ja von meiner Frau und mir noch gar kein Weihnachtsgeschenk bekommen. Na so was ….“

Dann stand er auf und zeigte nach draußen.

„Ich höre einen Motor, das wird Nachbar Andreas sein, er isst mit uns zu Abend. Wir haben ihn eingeladen, da er alleine lebt. Außerdem hat er uns sehr viel auf dem Hof geholfen, als meine Schulter kaputt war. Also entschuldigt mich, ich bin gleich wieder da."

Aus dem Backofen duftete es herrlich.

„Noch ein halbes Stündchen, dann ist die Gans fertig und wir können essen", rief Frau Hansen aus der Küche.

Nach einer ganzen Weile vernahmen sie vom Innenraum des Hofes den hellen Klang kleiner Glöckchen.

„Nanu, was ist denn da draußen los?", meinte Sebastian, und ein breites Grinsen stand in seinem Gesicht.

„Zieht euch was Warmes über und lasst uns nachschauen", schlug Celine vor.

Nele, Tessa und Benny holten ihre Winterjacken aus der Garderobe, zogen sie an und öffneten die Türe ...

Wow, was war denn das? Sie trauten ihren Augen nicht.

„Mama, Papa", schrien die Zwillinge um die Wette.

„Krass, Wahnsinn! Das ist der absolute Oberhammer-mega-Wahnsinn!!!"

Vor ihnen, im Schnee, stand ein schwarzer Schlitten, der von einem Schimmelpony gezogen wurde – von Mozart. Die Mädchen waren überwältigt. Sie gingen zu ihm und umarmten, streichelten und knuddelten ihn.

Man hatte Mozart unter dem Fahrgeschirr eine rote Schabracke aufgelegt und seine vier schlanken Fesseln waren ebenfalls rot bandagiert. Er war sich seiner besonderen Rolle wohl bewusst, denn er strahlte eine solche Erhabenheit aus und bezauberte durch seine Persönlichkeit und majestätische Eleganz, dass Nele und Tessa prompt eine Gänsehaut bekamen.

Auf dem Kutschbock saß ein Weihnachtsmann mit einem langen, weißgelockten Rauschbart und einer roten Kutte, die mit weißem Pelz besetzt war. Und obgleich der Bart fast das gesamte Gesicht verdeckte, hatten die Kinder darunter Herrn Hansen sofort erkannt.

„Frohe Weihnachten, Kinder. Ich wünsche euch allen frohe Weihnachten", rief der Weihnachtsmann mit tiefer Stimme.

„Da sind Oma Helga und Opa Frank", jauchzte Tessa, „schau, sie sitzen im Schlitten und dahinter steht Andreas. Er führt Graf Hollywood am Strick."

Tatsächlich, Andreas hatte Sebastians Eltern aus einem Hotel in der Stadt abgeholt. Sie waren, abgesehen von Benny natürlich, die Überraschungsgäste des heutigen Abends.

„Wollt ihr nicht eure Weihnachtsgeschenke abholen?", fragte Oma Helga, und erst jetzt erblickten Nele und Tessa den schwarzen Ledersattel und eine dazu passende schwarze Ponytrense, ebenfalls aus feinstem Leder, im Innern des Schlittens.

Fassungslos schlugen sie die Hände vors Gesicht.

„Waaaaaas? Ist das für uuuuuuuns?"

Nele und Tessa standen wie in Trance neben dem Schlitten.

„Natürlich." Helga und Frank stiegen aus dem Schlitten und überreichten den Mädchen die funkelnagelneue Ponyausrüstung.

„Frohe Weihnachten, Nele, Frohe Weihnachten, Tessa", sprachen sie.

„Frohe Weihnachten, Benny. Herr Hansen hat uns schon von dir erzählt."

In diesem Moment hörten die Zwillinge die Melodie ihres Weihnachtslieblingsliedes **'Mary's Boychild'** von Boney M. Sie fuhren herum und staunten, denn vor der Türe des Mobilheims stand Celine. Sie hatte Neles Geige ans Kinn gelegt und ließ beeindruckend den Bogen über die Saiten gleiten.

Nun sangen alle zu dieser Melodie den deutschen Text **'Und Frieden für die Welt'**, der dieser weihnachtlichen, romantischen Stimmung einen besonderen Zauber verlieh:

**„Wisst ihr schon,**
**was eines Nachts in Bethlehem geschah?**
**Da begab es sich,**
**dass Gottes Sohn geboren ward.**

**Vor langer Zeit in Bethlehem,**
**so wird es uns erzählt,**
**brachte Maria ihren Sohn in einem Stall zur Welt.**

**Still kniete Josef neben ihr, die Tiere sahen zu,**
**so legten sie auf Heu und Stroh**
**ihr kleines Kind zur Ruh'.**

**Bald schon klang ein Engels-Chor**
**herab vom Himmelszelt:**
**„Freut euch, ihr Menschen überall,**
**und Frieden für die Welt."**
**„Freut euch, ihr Menschen überall,**
**und Frieden für die Welt."**

**Die Hirten auf dem Felde sah'n**
**in strahlend hellem Licht**
**den Engel, der zu ihnen sprach:**
**„Fürchtet euch nicht!**

**Denn siehe, ich verkündige**
**euch allen große Freud:**
**Jesus Christus, Gottes Sohn,**
**ist euch geboren heut."**

**Bald schon klang ein Engels-Chor**
**herab vom Himmelszelt:**

**„Freut euch, ihr Menschen überall,**
**und Frieden für die Welt."**

**Über dem Stall stand hell und klar**
**noch lang der Weihnachtsstern.**
**Die Heiligen Drei Könige sahen ihn von fern.**

**Ihre Geschenke haben sie**
**dem Jesuskind gebracht,**
**und alle Kinder freuen sich**
**noch heut' auf diese Nacht.**

**Bald schon klang ein Engels-Chor**
**herab vom Himmelszelt:**
**Freut euch, ihr Menschen überall,**
**und Frieden für die Welt.**
**Freut euch, ihr Menschen überall,**
**und Frieden für die Welt."**

(von Rolf Zuckowski)

Ach, es war so wunder-, wunderschön.

„Liebe Nele, liebe Tessa:“, sprach Herr Hansen.

„Ein Schuss Wahnsinn war schon dabei, als ihr mir vor Monaten erklärt habt, dass ihr mit eurer Musik dieses verhaltensgestörte, ja feindselige Schimmelpony gesund machen wollt. Aber mit sehr viel Liebe, Ausdauer und Disziplin habt ihr es geschafft und einen richtig coolen Job gemacht.

Ihr habt Mozart vertraut, ihm in die Augen geschaut, und dann hat sich in seinem Herzen für euch eine Türe geöffnet ...

Mein Herz und das Herz meiner Frau habt ihr auch berührt. Ganz besonders, als ihr mir eure Sparbücher zur Rettung des Ponyhofes angeboten habt, und auch, als du, Tessa, vor dem ersten Reiten auf Mozart ein herrlich schönes Lied gesungen hast und Nele die Geige dazu spielte.

Doch da sind auch eure Eltern, die uns ebenso in ganz außergewöhnlicher Weise geholfen haben. Dafür danken wir euch.

Eure ganze Familie ist ein wahrer Glücksfall für uns. Und Glück ist ein Gast, der nicht allzu oft vorbei kommt.

Deshalb möchten wir euch heute, am Heiligen Abend, Mozart und den Schlitten schenken.

In den letzten Wochen habe ich jeden Abend bis spät in der Nacht am Schlitten gearbeitet und ihn restauriert. Andreas hat mir dabei geholfen. Zusammen haben wir versucht, mit viel Geduld und Geigenmusik aus dem CD-Player, Mozart das Fahrgeschirr anzulegen, bis er keine Angst mehr davor hatte und schließlich den Schlitten zog. Ich bin froh, dass es geklappt hat.

Mozart trägt seinen Namen zu Recht, denn er liebt die Musik.

Gerade deshalb ist er bei euch, als angehende Violinistinnen“, Herr Hansen schmunzelte, „in den allerbesten Händen. Wir wünschen euch viel, viel, viel Freude mit ihm und dem Schlitten …

So, nun steigt bitte mal ein, Benny, du auch und dann drehen wir ein paar Runden.“

Die Zwillinge konnten ihr Glück kaum fassen.

„Mama, Papa …“, stammelten sie.

„Das ist schon in Ordnung“, riefen Celine und Sebastian herüber, und während Herr Hansen mit der Zunge schnalzte und mit seiner Stimme Mozart aufforderte, sich in Bewegung zu setzen, nahm Benny die Mundharmonika zur Hand und spielte **‚Jingle Bells‘**.

Andreas hob den kleinen Grafen hoch, und setzte ihn zu den Kindern in den Schlitten.

Und während der Schnee unter den eisernen Kufen des Schlittens knirschte und die Glöckchen klingelten, setzte sich das Gefährt in Bewegung und es klang aus vielen Kehlen:

**„Ein kleiner weißer Schneemann,**
**der steht vor meiner Tür,**
**ein kleiner weißer Schneemann,**
**der stand gestern noch nicht hier,**
**und neben dran der Schlitten,**
**der lädt uns beide ein,**
**zur aller ersten Schlittenfahrt**
**ins Märchenland hinein.**

**Jingle Bells, Jingle Bells,**
**klingt es weit und breit.**
**Schön ist eine Schlittenfahrt**
**im Winter, wenn es schneit.**
**Jingle Bells, Jingle Bells,**
**klingt es weit und breit.**
**Mach' mit mir 'ne Schneeballschlacht,**
**der Winter steht bereit!**

**Er kam auf leisen Sohlen**
**ganz über Nacht,**

**hat heimlich und verstohlen**
**den ersten Schnee gebracht.**

**Jingle Bells, Jingle Bells,**
**klingt es weit und breit.**
**Hell erstrahlt die ganze Welt**
**im weißen, weißen Kleid.**
**Jingle Bells, Jingle Bells,**
**klingt es weit und breit.**
**Christkind geht durch den Winterwald,**
**denn bald ist Weihnachtszeit."**

( von Roy Black 1968)

Später, als alle endlich am festlich gedeckten Tisch saßen, wurde ausgiebig gespeist und viele Zukunftspläne geschmiedet.

Sebastians Eltern wollten tatsächlich die schöne Wohnung in der Seniorenresidenz erwerben und planten, dort ihren Lebensabend zu verbringen.

Und da die Residenz nur zweihundert Meter von der Schule der Zwillinge entfernt lag, schwatzte Tessa:

„Oma, Opa, dann können wir in der großen Pause zu euch kommen und aufs Klo gehen …“

Alle lachten und plötzlich sagte Herr Hansen:

„Wie schön, dass wir alle hier zusammen sind, auch du, mein Junge.“

Und er meinte Benny, der bei den Worten Herrn Hansens leicht errötete, vor Freude. Denn „mein Junge“ hatte bis zu diesem Zeitpunkt noch nie jemand zu ihm gesagt.

„Es liegt zwar noch viel Arbeit vor uns, aber ich möchte trotzdem ein Hoch auf den Ponyhof aussprechen …“, fuhr Herr Hansen fort.

Alle erhoben die Gläser und prosteten sich zu.

„Herr Hansen, nächstes Jahr wird alles im neuen Glanz erstrahlen“, meinte Sebastian zuversichtlich. „Wir schaffen das, denn wir sind ein gutes Team.“

„Na, Ihr Wort in Gottes Ohr … Herr Berger.“

Und spät in der Nacht, als man das Fernsehgerät einschaltete und der Mitternachtsmette aus dem Vatikan in Rom lauschte, hörte man in einem kleinen Mobilheim in Niedersachsen, wo soeben zehn Menschen, ein Hund und eine Katze auf engstem Raum ein wunderschönes, romantisches Weihnachtsfest erlebt hatten, das vielleicht schönste aller Weihnachtslieder: **'Stille Nacht, heilige Nacht'.**

Schnell holten die Zwillinge ihre Geigen. Benny setzte die Mundharmonika an seine Lippen und mit der Unterstützung des Männerchores aus Rom sangen Celine, Sebastian, Herr und Frau Hansen, Helga, Frank und Andreas andächtig:

**„Stille Nacht, heilige Nacht!**
**Alles schläft, einsam wacht**
**nur das traute, hochheilige Paar.**
**Holder Knabe im lockigen Haar,**
**schlaf' in himmlischer Ruh,**
**schlaf' in himmlischer Ruh.**

**Stille Nacht, heilige Nacht!**
**Gottes Sohn, o wie lacht**
**Lieb aus deinem göttlichen Mund,**
**da uns schlägt die rettende Stund',**
**Christ, in deiner Geburt,**
**Christ, in deiner Geburt.**

**Stille Nacht, heilige Nacht!**
**Hirten erst kund gemacht.**
**Durch der Engel Halleluja**
**tönt es laut von fern und nah:**
**Christ, der Retter, ist da!**
**Christ, der Retter, ist da!“**

(Text von Joseph Mohr 1792-1848)